MONOGRAPHIE HISTORIQUE

NOTICE

SUR

POMPONNE-LÈS-LAGNY

(SEINE-ET-MARNE)

PAR

L'Abbé RICHARD

CURÉ DE POMPONNE

Membre titulaire et correspondant de plusieurs Sociétés scientifiques
historiques, archéologiques et littéraires

LAGNY-SUR-MARNE

A. PAQUIER, LIBRAIRE-ÉDITEUR

23, RUE DES MARCHÉS, 23

—

1889

NOTICE

SUR

POMPONNE-LÈS-LAGNY

SEINE-ET-MARNE

ÉMILE COLIN — IMPRIMERIE DE LAGNY

MONOGRAPHIE HISTORIQUE

NOTICE

SUR

POMPONNE-LÈS-LAGNY

(SEINE-ET-MARNE)

PAR

L'Abbé RICHARD

CURÉ DE POMPONNE

MEMBRE TITULAIRE ET CORRESPONDANT DE PLUSIEURS SOCIÉTÉS SCIENTIFIQUES
HISTORIQUES, ARCHÉOLOGIQUES ET LITTÉRAIRES

LAGNY-SUR-MARNE
A. PAQUIER, LIBRAIRE-ÉDITEUR
23, RUE DES MARCHÉS, 23

1889

A M. M.

GAUDINEAU, DUMEZ, DUBARLE, BONNET,
BACOT, LEGOUEY, THIBAULT,
ROUX, GORET, BLOUIN, ETC., ETC.

*Bienfaiteurs insignes de ma chère Paroisse,
je dédie ce petit livre.*

*Qu'ils daignent accepter cet hommage; il n'est qu'une
faible marque de ma religieuse gratitude.*

J. RICHARD,
Curé de Pomponne.

PRÉFACE

Des études remarquables ont été faites, depuis quelques années, sur plusieurs villes et villages du diocèse de Meaux : loin de moi la pensée de vouloir ajouter mon nom à celui des infatigables chercheurs, auxquels l'histoire de notre beau département devra quelques-unes de ses plus belles et plus intéressantes pages.

En publiant cette notice, je ne fais que céder aux pressantes instances de personnes fort amies des choses d'autrefois, qui souvent ont regretté de voir ensevelis, comme on le dit, dans la poussière de l'oubli, les documents qui leur semblaient offrir quelque intérêt.

Le livre dont j'entreprends la publication n'est donc pas une œuvre d'érudition, encore moins une étude littéraire. C'est un simple résumé de tout ce qui a été écrit sur la paroisse de Pomponne par la GALLIA CHRISTIANA, *le P. Anselme, du Fourny, dom Bouquet, Buchon, de Laurière, l'abbé Lebeuf, Michelin, etc., etc., et dont les ouvrages, pour la plupart devenus fort rares, ne s'acquièrent que très difficilement aujourd'hui. Aux recherches savantes de ces historiens, je n'ai fait qu'ajouter les documents authentiques que j'ai recueillis à la Bibliothèque nationale et aux Archives, les légendes bien accréditées et recueillies sur les lieux, les événements contemporains, les progrès acquis et les espérances près de se réaliser.*

Qu'il me soit permis de remercier ici MM. Paul Bonnet, Léon Dubarle, Albert Dumez, M. l'abbé Torchet, M. l'abbé Goin, à qui je dois une foule de précieux renseignements et dont je n'oublierai jamais l'extrême bienveillance.

Pour des raisons multiples, que chacun devinera facilement, j'ai cru ne devoir que rarement accompagner de réflexions les faits que je raconte et les documents que je publie; — j'estime préférable de laisser au lecteur le soin et le plaisir d'en faire lui-même le commentaire.

RICHARD,
Curé de Pomponne.

Pomponne, 1889.

NOTICE

SUR

POMPONNE-LÈS-LAGNY

SEINE-ET-MARNE

CHAPITRE PREMIER

NOTIONS GÉNÉRALES

Pomponne, en latin *Pomponna* (1), *Pompona*, *Pomponnia* a appartenu au diocèse de Paris jusqu'en 1790. Avant cette époque, la paroisse, aujourd'hui rattachée au diocèse de Meaux, avait successivement fait partie des doyennés de Montreuil, de Montfermeil et de Chelles. Elle avait alors pour patron saint

---

(1) *Pomponia a Pomponio dicta, in Chartulario. M. S. Ecclesiæ parisiacæ, Pompona corrupté, in veteri polyptico vocatur, et in decanatu Monasterioli ponitur; in recentiori catalogo, Pompona in decanatu Calensi ponitur.* — *Gallia christiana.* Tom. VII.

Pierre sous l'invocation duquel elle est restée, et était administrée par des religieux de l'abbaye de Saint-Martin-aux-Bois (diocèse de Beauvais).

La chapelle du château, comme aussi celle que les seigneurs possédaient dans l'église paroissiale, étaient seules sous le vocable de Notre-Dame.

Les auteurs ne sont pas d'accord sur l'origine et l'étymologie de Pomponne.

Les uns affirment que ce nom vient d'un certain *Pimpo* dont il est fait mention dans le testament de la riche dame Ermantrude, en l'an 700, et qui possédait des vignobles sous les coteaux au pied desquels est bâti Pomponne.

D'autres, et ce sont les plus nombreux, pensent que le village de Pomponne existait bien avant le septième siècle et qu'il doit son nom à *Pomponius*, sujet romain, qui aurait pris possession, comme seigneur, d'une partie de ses terres.

M. le chanoine Denis est de cet avis. « Je citerai », dit-il, dans son **Histoire de l'Agriculture en Seine-et-Marne**, « parmi les noms qui dans notre département, rappellent évidemment une origine romaine, Pomponne, *Pomponiacum* ou terre de Pomponius.

Ce gracieux village, bâti sur la rive droite de la Marne et dans un des sites les plus riants de cette ravissante vallée qui va de Gournay à Chalifert, est à 26 kilom. de Paris et à quelques cents mètres seulement de la ville de Lagny, dont il n'est du reste séparé que par la rivière. Son altitude est de 43 m. 030, sa longitude de 0°20'6" à l'est du méridien de Paris et sa latitude de 48°51'52". La route nationale de Paris à Vitry-le-François le traverse dans presque toute sa longueur. Il se compose de trois quartiers bien distincts dont nous aurons l'occasion de parler à la fin de cette notice : *Pomponne-Madeleine*, *Pomponne-Clocher* et *Pomponne-les-Bois*. Sa population actuelle, y compris la population estivale, ne dépasse pas 750 habitants.

C'était autrefois et jusqu'au commencement du dix-septième siècle, une localité beaucoup plus importante, tant au point de vue de la population qu'au point de vue politique.

De nombreux actes, datant pour la plupart de 1301 à 1305 et conservés dans les archives de M. Dumez, indiquent qu'ils ont été rendus en la *ville* de Pomponne. Lorsqu'en 1318, le roi de France, Philippe le Long, écrivit à maître Gervais pour qu'il ait à « examiner si c'est sur titre compétent que les habitants de notre commune se disent exempts de l'Ost et de la Chevauchée (1) même pour la guerre de Flandre », il donne le nom de ville à Pomponne, « Ville de Pomponnia. »

On ne s'étonnera nullement de ce qualificatif pour notre localité, lorsque l'on saura que le seul quartier de l'Eglise avait alors une étendue trois fois plus grande que celle occupée aujourd'hui.

Plus de vingt-cinq rues ou ruelles, toutes perpendiculaires à la Marne, allaient aboutir à cette rivière. La *rue de Paris* qui finit maintenant comme habitations au prieuré, s'étendait à

---

(1) On appelait chevauchées les guerres ou luttes particulières, de seigneur à seigneur. Malgré ce nom, ce service n'impliquait pas que les hommes dussent être montés à cheval. V. *Trésor des Chartes*, 124.

cette époque jusqu'à la *rue de Bordeaux* (1).

La *rue Maquereau*, aujourd'hui chemin du passage à niveau, était bordée à droite et à gauche de nombreuses maisons et s'étendait jusqu'au port de Pomponne, situé alors en face de la corroirie Barrande.

Toutes ces maisons, comme aussi celles qui se trouvaient dans la rue du Port, furent achetées par le marquis Simon Arnauld, démolies ensuite par son ordre et remplacées pour l'embellissement du château par une double allée d'ormes, dont quelques-uns existent encore aujourd'hui.

A la mort de Simon Arnauld, les prieurs revendiquèrent la propriété de cette allée; parce que, disaient-ils, « elle avait été bâtie sur un terrain leur appartenant ». A cette occasion, des procès nombreux furent intentés, il fallut produire les contrats de vente. C'est grâce à ces pièces, fort curieuses d'ailleurs, que nous devons de connaître les noms de quelques habitants de la rue Maquereau. C'étaient MM. De-

---

(1) V. Archives du Château.

lahaye, Noël, Robert, Pottier, Jean Facquier, Charles Delaire, François Cardon, tous propriétaires de maisons (1).

Dans la partie du parc, située près de la mairie, et *extra muros*, se trouvaient quinze maisons avec jardins ; la famille Arnauld les acheta et les détruisit ensuite dans l'unique but de favoriser l'écoulement et la canalisation des bassins.

Lorsqu'en 1676, Monsieur de Pomponne fut autorisé, sur sa demande au Roi, à rectifier le chemin de Paris à Lagny, depuis le presbytère jusqu'à la butte *Jean-Hue*, 37 maisons durent de ce chef disparaître encore et ne furent jamais remplacées.

De sorte que les seigneurs de Pomponne, pour étendre leur domaine, embellir leur château, l'exonérer de tout voisinage, de toute servitude, n'anéantirent pas moins de 150 maisons dans le seul quartier du « Clocher ».

Les rues de l'ancien Pomponne étaient bien différentes de celles si larges qu'on y remarque

---

(1) V. Archives du Château.

aujourd'hui. Elles étaient si tortueuses et si étroites qu'une voiture pouvait à peine y circuler. La rue *Louis Dreux* est le seul spécimen qui nous reste de ces antiques voies de notre commune.

Au sud du prieuré, devenu la propriété de l'honorable M. Dubarle, existaient plusieurs étangs formés dans le principe par les fréquentes inondations causées par les débordements annuels de la Marne. Ces étangs furent d'abord endigués et ensuite entièrement comblés à cause de la trop grande humidité qu'ils entretenaient dans le bourg. Il n'en reste plus aujourd'hui que la pièce d'eau située dans le ravissant petit parc de la villa Garet.

En face du prieuré, ou plutôt sur l'emplacement actuel de ses jardins et de son petit bois, se trouvait l'île d'Attigny dont la superficie était de « 30 arpents. »

Au sujet de cette île tant aimée des poètes et des artistes et qui a dû disparaître pour les besoins de la navigation, voici ce que nous lisons dans les archives de M. Dumez, propriétaire actuel du château de Pomponne :

« Environ l'an 1489, Mᵉ Bertrand de Saint-
» Julien, seigneur de Pomponne bâille à Jehan
» Guenot l'isle d'Attigny pour XII L. de cens
» et 40 Lt. de rente à condition de pouvoir re-
» tirer de lad. isle pour le prix d'un autre, s'il
» venait à la vendre. — Et depuis, Jehan Le-
» comte, l'ayant acquise dud. Guenot et fait
» d'autres acquisitions par le moyen desquelles
» lad. isle, contenant 30 arpens ou environ et
» Mᵉ Martin Courtin, seigneur de Pomponne
» l'ayant mise en procès afin de retirer lad.
» isle pour le prix qu'il l'avait achetée, ils ac-
» cordèrent le 12 janvier 1500 qu'elle demeu-
» rerait au dit Le Comte pour 5 L. de cens et
» 8 L. de rente, racheptable de 61 ** Lt. et à
» condition que si ledit Comte ou les siens la
» vendaient, le seigneur de Pomponne la pour-
» rait retirer pour le prix d'un autre.

» Depuis led. Jehan le Comte ayant constitué
» plusieurs rentes sur lad. isle et sur les au-
» tres héritages et les voulant racheter le 11 fé-
» vrier 1519, led. Jehan le Comte et ses enfans
» vendent à Mᵉ Louis Courtin, seigneur de
» Pomponne, pour le prix de 1300 Lt., l'Isle d'At-

» tigny, ainsi qu'elle se comporte, contenant
» 30 arpens ou environ, assise en la rivière de
» Marne, aboutissant par haut et par bas à lad.
» rivière et tenant d'un costé tout au long du
» bras d'Attigny et de l'autre costé à la rivière
» de Marne. Icelle Isle tenant en la haute Jus-
» tice moyenne et basse, dud. seigneur de
» Pomponne et chargé envers luy de cinq sols
» L. de cens seulement. »

. . . .

Avant le nouveau tracé de la route nationale, le prieuré touchait par un corps de logis à la chapelle de Sainte-Véronique; puis en face du prieuré lui-même se trouvait la grande ferme lui appartenant.

La maison du chapelain, maître d'école, était adossée à la chapelle de la Sainte-Vierge, et, à l'étage au-dessus, dans la salle appelée *auditoire*, le bailly tenait ses audiences.

Sur la place de l'Église, étaient bâtis l'*Hôtel Saint-Denis* et l'*Hôtel des Trois-Maillets*. Sur la place centrale, (place du Mail) se trouvait l'auberge portant pour enseigne:

A l'Image de Notre-Dame.

L'abreuvoir était à l'extrémité de la *rue Maquereau*. Lorsque le Marquis Ministre eut détruit cette rue, l'abreuvoir fut remplacé par celui encore existant aujourd'hui et situé au bout de l'*allée du Mail*.

Le cours d'eau qui descend du *Grimpet* et coule non loin de l'ancienne rue du *Port*, s'appelait jadis la fontaine Maquereau. Il formait de ce côté la limite extrême des propriétés prieuriales.

En 1674, le marquis Simon Arnauld, pour embellir sa propriété, fit planter, nous l'avons déjà dit ailleurs, une double allée d'ormes. Cette allée, partant de la *Porte des Sables* (1), allait jusqu'à la Marne, et, faisant équerre, longeait la rivière, sur la digue construite *ad hoc* jusqu'à l'île d'Attigny, c'est-à-dire jusqu'à l'ouest du village actuel (2).

Pour se rendre du château à cette charmante et délicieuse allée du bord de l'eau, le Marquis

---

(1) La Porte des Sables existe encore aujourd'hui. C'est celle qui se trouve près de l'église, à l'angle de la rue Louis-Dreux.

(2) V. Archives du Château.

Ministre fit construire sur la route de Paris à Lagny un pont, dont l'unique arcade, partant du mur du parc, allait aboutir en pente douce jusqu'au commencement de la rue Maquereau.

Les lettres patentes accordées à Monsieur de Pomponne, pour la construction de cette arcade, sont datées du 25 août 1679; elles sont signées de la main même du roi.

Dans le quartier de la Madeleine, appelé souvent dans les anciens actes le quartier de *La Mothe*, se trouvaient La Maladrerie et le monastère de Saint-Augustin, dont nous aurons l'occasion de parler à la fin de ce volume, dans des chapitres spéciaux.

Le quartier de la Madeleine, le plus important de notre commune, faillit être réuni définitivement à la ville de Lagny en 1792.

Le 2 août de cette année, parut en effet un décret dont voici la teneur pour ce qui nous concerne :

« AVIS. — Les habitants de la Madeleine,
» paroisse de Pomponne, en sont démembrés
» pour être réunis à la paroisse Saint-Furcy

» de Lagny, d'après les limites tracées dans
» le procès-verbal des Commissaires du dis-
» trict. »

Ce décret excita la plus vive émotion à Pomponne. Le maire, accompagné de plusieurs officiers municipaux, vint aux noms des habitants, en vertu d'une délibération du conseil municipal, déclarer qu'il n'obéirait pas à ce décret. Le registre municipal de Lagny (liv. Ier, fol. 101) ajoute :

« Sur l'observation qu'on leur fit que l'As-
» semblée nationale verrait d'un mauvais œil
» des officiers municipaux, chargés d'exécuter
» les lois, s'y opposer, ils répondirent qu'ils
» ne consentiraient jamais à obéir à ce dé-
» cret ».

Leur courageuse résistance fut couronnée de succès. Peu de temps après, paraissait, en effet, un décret en vertu duquel cette partie de leur commune leur fut heureusement rendue.

La paroisse de Pomponne, il est facile de s'en convaincre par ce rapide exposé, est vraiment pleine de souvenirs intéressants.

Au point de vue religieux, elle tient, on peut l'affirmer sans crainte d'être taxé d'exagération, une fort belle place dans l'histoire de l'ancien diocèse de Paris.

Au point de vue militaire, politique et littéraire elle a eu aussi sa bonne part de vraies célébrités. Des hommes fort remarquables, dont nous aurons souvent l'occasion de nous occuper dans cette étude, y ont vécu, s'y sont rencontrés, y ont joué un rôle considérable et la liste de ses seigneurs est aussi longue que remplie de noms illustres.

Un roi de France, Louis le Gros, a habité

Pomponne pendant de longs mois, et c'est sur notre territoire, où il s'était retiré pour refaire ses troupes épuisées par la guerre, qu'il livra à Thibault, comte de Champagne, cette bataille fameuse qui fait partie de notre histoire locale et qu'on nous permettra de rappeler ici en indiquant d'abord les graves motifs qui la déterminèrent.

Louis le Gros venait d'être fiancé à la fille de Guy-le-Rouge, comte de Rochefort, sénéchal de France, lorsque le Souverain Pontife, pour des raisons qu'il serait trop long de citer ici, jugea à propos de casser ce mariage avant sa conclusion. La sentence papale, proclamée au Concile de Troyes, fut mieux acceptée du roi, que de Guy. Celui-ci fut même profondément irrité de la soumission pleine de douceur de Louis et il résolut de se venger. Pour cela, il s'adressa à son fils, Hugues de Pomponne.

Celui-ci eut bientôt trouvé un motif de querelles. Sous prétexte que des marchands avaient refusé d'acquitter, en passant à Gournay, le droit de péage qui lui revenait comme châtelain de l'endroit, il les arrêta sur la route au-delà de la Marne et confisqua leurs chevaux.

La route, qui conduisait de Gournay à Pomponne, étant un chemin royal, la police en appartenait au roi et Hugues, par cette arrestation, portait atteinte aux droits du roi. Aussi, Louis, irrité d'une pareille injure, vint aussitôt à la tête d'une armée assiéger le château de Gournay. Mais le vieux manoir était situé dans une île et pour cette raison, il aurait fallu, pour l'attaquer sérieusement, des barques et des bateaux.

Ce voyant, Louis fait habiller ses soldats, et, lui même, monté sur son cheval, lance ses hommes, dont les uns sont à cheval, les autres à la nage, à l'assaut de l'île et du castel. — Reçus à coups de pierres et de perches, les soldats du roi font des prodiges de valeur et, malgré les conditions inférieures où ils se trouvent pour combattre, sous une pluie de projectiles de tous genres, ils ont bientôt forcé les assiégés à se retrancher dans le château-fort, entouré de fossés très profonds.

L'armée royale profite de cette retraite pour gagner l'île ; mais à peine débarquée, elle s'aperçoit aussitôt qu'il lui reste un nouveau siège à entreprendre. L'attitude résolue des soldats de Hugues de Pomponne ne laisse plus aucun doute à ce sujet.

Le roi ne perd pas de temps ; il fait approcher une tour mobile à trois étages et commande qu'on fasse avancer de nouvelles troupes. Le combat recommence. — De la tour qui domine le château les soldats de Louis rendent très difficile le tir des archers et des arbalétriers ennemis ; plusieurs assiégés sont tués par leurs propres projectiles.

Tout à coup, un pont volant est lancé de la tour sur les parapets des fossés et les assaillants se précipitent pour la seconde fois à l'assaut. Mais les soldats de Hugues, usant de ruse et prévoyant tous les moyens d'assaut, avaient garni le sol de pieux pointus comme des fers de lance et les avaient ensuite habilement recouverts de paille. L'armée royale est donc bien vite arrêtée dans son élan et plusieurs de ses membres se trouvent empalés. Louis le

Gros ne se décourage pas, il fait creuser des redoutes, des chemins souterrains, et empêche par tous moyens le ravitaillement de l'ennemi. Celui-ci commençait à manquer sérieusement de vivres, lorsque Guy, qui tenait la campagne pour porter secours à Hugues de Pomponne son fils et qui, pour faire diversion, avait inutilement ravagé par le fer et le feu toutes les terres du roi, parvint, à force d'habileté et d'intrigues à gagner le concours et l'appui de Thibault, comte de Champagne.

Celui-ci, pour obliger Louis à lever le siège du château, s'engagea à attaquer les troupes royales. Le roi, instruit de ce projet, laissa un petit corps d'armée devant Gournay et vint lui-même près de Lagny présenter la bataille à l'ennemi.

« Arrivé à une position convenable entre le
» village de Torcy et celui de Gouvernes, sur
» le bord d'un ruisseau (le ru de Gondoire),
» le roi, entouré de ses barons, disposa ses
» troupes en ordre de bataille. Elles se com-

» posaient de cavalerie, c'est-à-dire de cheva-
» liers dont l'arme principale était la lance et
» de fantassins roturiers, armés d'arcs. Les
» soldats de Louis avaient l'habitude de la
» guerre, tandis que les vassaux de Thibault
» jouissaient, depuis 50 ans environ, d'une
» paix qui n'avait subi que des interruptions
» locales et passagères. Louis l'emporta, ses
» adversaires prirent la fuite. Thibault lui-
» même eut une telle peur d'être fait prison-
» nier, que dans son empressement d'échapper
» au vainqueur, il abandonna son armée. Les
» mieux montés de ses compagnons d'armes
» arrivèrent jusqu'au château de Lagny, aux
» abords duquel les vainqueurs qui les pour-
» suivaient s'arrêtèrent épouvantés. Les autres
» se cachèrent où ils purent, ceux-ci dans les
» vignes, ceux-là dans les haies, mais beau-
» coup ne purent échapper à l'œil clair-
» voyant de l'ennemi. — Il y eut peu de morts,
» il est vrai; on ne tuait pas beaucoup de
» monde dans les batailles de ce temps, on
» considérait même comme fort maladroit
» d'égorger ou d'assommer un vaincu; mais il

» y eut beaucoup de blessés et surtout consi-
» dérablement de prisonniers ; excellente
» affaire pour les vainqueurs, puisqu'alors,
» comme on le sait, les prisonniers n'obte-
» naient la liberté qu'en payant. Aussi, nous dit
» Suger, cette victoire devint-elle fameuse
» dans toute la terre, *famosa ubique terrarum*
» *celeberrima* (1). »

Les conséquences de cette victoire, dit M. Lepaire, furent la prise du château de Gournay et la perte pour Hugues de Pomponne de sa charge de sénéchal de France.

Thibault se réconcilia avec le roi, mais cette réconciliation fut bien peu sincère, puisque, quatre ans après, les hostilités recommencèrent avec plus de fureur que jamais.

Bataille de Pomponne. — Battu près de Meaux, Thibault se réfugia dans la ville où le roi ne put pénétrer. — Obligé de battre en retraite après avoir subi des pertes sérieuses,

---

(1) D'Arbois de Jubainville. — *Histoire des Comtes de Champagne*, p. 180 et 181. — Dom Bouquet, t. XII, p. 706.

Louis le Gros jura de se venger. — Pour cela il tenta d'enlever Lagny. — Thibault, informé aussitôt d'un tel projet vint à la rencontre des armées royales.

« Le combat s'engagea donc près de Pom-
» ponne et bientôt le roi eut mis l'ennemi en
» fuite. — Thibault et une partie des siens se
» réfugièrent sur un pont qui s'élevait sur la
» Marne à peu de distance de là. L'entrée de ce
» pont était défendue par un fossé que Louis
» ne put franchir, mais une partie des soldats
» de Thibault, n'ayant pu trouver place dans
» cette forteresse improvisée où tous vou-
» laient entrer à la fois, se jetèrent dans la
» rivière qu'ils espéraient passer à la nage ».
Ils se mirent ainsi en plus grand péril de mort que s'ils eussent été en terre ferme, car plusieurs se noyèrent. — Un plus grand nombre encore tombèrent dans la rivière, poussés par les leurs ou par les soldats du roi. « La plupart des roturiers, qui étaient
» armés à la légère, purent gagner l'autre
» rive, mais les chevaliers furent arrêtés par

» le poids de leur lourde cotte de mailles. —
» Les comtes qui commandaient en second
» dans l'armée de Louis, s'amusaient à leur
» laisser faire deux fois le plongeon puis on
» les tirait de l'eau (après le premier plon-
» geon et avant le troisième) pour les faire
» prisonniers en leur donnant le surnom mo-
» queur de *rebaptisés*, mais le roi n'avait pu
» même approcher des murs de Lagny. » Alors
il retourna avec son armée dans l'agréable (1)
prairie de Pomponne.

Pendant son séjour à Pomponne Louis le
Gros fit expédier à Paris une charte concernant une donation faite aux religieux du
prieuré de Notre-Dame-des-Champs. Cette
pièce, qu'il nous a été donné de consulter
aux Archives nationales, finit ainsi : *Actum
apud Pomponam, publicé, Anno Incarnationis
Verbi*, MCXI.

(1) *In grata pratorum planitie juxta Pomponam arm* 1 *convertit*, etc., Dom Bouquet, XII, 20, Suger.

De temps immémorial, et bien avant le xiiie siècle, Pomponne possédait le droit de haute, moyenne et basse justice. — Il ne relevait que du roi de France.

C'est ainsi que l'on trouve dans un acte de 1305 (1) que Jeanne de Navarre, femme de Philippe IV, remit au seigneur de Pomponne un florin de rente dont il était redevable pour foy et hommage (2).

Les seigneurs de Pomponne n'étaient pas tenus d'aller ou de se faire représenter à *l'arrière-ban*, (3) par la raison bien simple

(1) Arch. nationales, P I, cote 2.
(2) Nous parlerons plus longuement des hommages, foy, adveux, etc., dans le chap. VI, consacré à la seigneurie de Pomponne.
(3) Réunion de seigneurs ne possédant pas d'arrière-fief.

qu'ils ne relevaient que de la Couronne (1).

Au XVe siècle un seigneur de Pomponne fait défense à celui de *Forest* d'élever des fourches patibulaires (2) réservées seulement à la haute justice de Pomponne qui possédait, pour sa justice particulière, trois piliers ou potences (3).

(1) Arch. nationales, P I. cote 179.

(2) Les fourches patibulaires étaient un gibet auquel on suspendait les suppliciés dont le cadavre ensuite devait être mangé par les oiseaux ou dispersé par les vents. Ce gibet était une pièce de bois soutenue par deux piliers, et, dans le principe, par deux grandes fourches — de là, le nom de fourches patibulaires donné au gibet. Il n'y avait que les hauts justiciers qui eussent le droit d'avoir des fourches patibulaires, et le nombre de celles-ci indiquait le rang du seigneur justicier dans la hiérarchie féodale. Le simple justicier n'avait droit qu'à deux, le châtelain à trois, le baron et le vicomte à quatre, le comte à dix, et le roi, comme souverain, à un nombre illimité. — *La suspension aux fourches était une aggravation* de la peine de mort et avait pour but de porter la crainte et la terreur dans les esprits disposés au mal. Les hauts justiciers avaient également le droit d'élever un pilori, qui se trouvait toujours à l'intérieur des villes ou des bourgades. Celui de Pomponne était élevé sur la place de l'Église, en face du prieuré. C'était un poteau dont le sommet portait l'écusson des seigneurs, et au milieu, des chaînes et un collier de fer pour retenir les membres et et le cou du condamné.

(3) Archives du Château.

Ces piliers étaient placés au bout de la grande allée qui, de l'est à l'ouest, traverse le parc dans presque toute sa longueur. C'est évidemment pour cette raison que cette avenue, qui est magnifique, porte encore aujourd'hui le nom d'*Allée de la Justice.*

Au seizième siècle, le Bailly de Pomponne prononce une condamnation à mort, et cette condamnation notifiée au Parlement de Paris est aussitôt ratifiée par lui.

Ces graves et redoutables prérogatives n'appartenaient, comme chacun sait, qu'aux fiefs seigneuriaux et celui de Pomponne était devenu si important, si riche et si puissant que, dès l'an 1107, nous l'avons dit tout à l'heure, un de ses seigneurs osait déclarer la guerre au roi de France.

Mais terminons, d'après le plan que nous nous sommes tracé, les notions générales qui constituent l'historique résumé de Pomponne.

Madame de Sévigné, elle aussi, a habité, et longtemps, notre cher Pomponne; la bonne amitié qui la liait à la famille Arnauld l'appelait souvent au château.

Le grand écrivain nous a laissé, dans ses *Lettres* incomparables, une description aussi pittoresque que gracieuse et détaillée de Pomponne et de son grand parc seigneurial.

L'abbé Le Maître de Sacy connaissait également notre localité. C'est chez nous, près de son ami Arnauld, qu'il a composé une bonne partie de ses ouvrages.

C'est chez nous aussi qu'en 1684, il rendit sa belle âme à Dieu. — Voici, au sujet de cette mort édifiante, ce que nous lisons dans les registres paroissiaux déposés à la mairie :

4 Janvier 1684. Décès de Le Maître de Sacy.

« Le mardi 4 janvier 1684, sur les six
» heures du soir, noble homme, messire
» Isaac-Louis Lemaître de Sacy, prêtre d'une
» éminente sainteté, est mort à l'âge de
» soixante et onze ans. — Son corps, exposé
» deux jours dans l'église de Pomponne, dans
» laquelle paroisse il est décédé, — un service
» célébré dans ladite église, et le 8 du dit
» mois et an, son corps a été transporté à

» Port-Royal des Champs, du diocèse de Pa-
» ris, suivant la permission de Monseigneur
» de Paris, auquel lieu, il avait élu sa sépul-
» ture, en présence de M. Claude du Parc,
» prêtre aumônier de M. le marquis de Pom-
» ponne, de messire Simon Arnauld, marquis
» de Pomponne, de messire Charles-Arnauld
» de Luzancy qui ont signé au présent re-
» gistre. — Arnauld de Lusancy, Du Parc,
» Groult, curé de Pomponne, dame Constance
» de Harville. » (Arch. de Seine-et-Marne,
registre 127.)

. . . .

Les faits, les événements dont nous aurons désormais à nous occuper étant tous d'un ordre tout à fait particulier, il sera plus logique, croyons-nous, de les relater dans des chapitres spéciaux. Nous terminons donc ici nos notions générales sur Pomponne.

CHAPITRE II

ÉGLISE

L'église de Pomponne est une des plus anciennes de tout l'arrondissement de Meaux. — L'abside et le chœur sont incontestablement du douzième siècle; la nef, d'un style sévère mais très pur, est au contraire du treizième siècle. Quant au portique, il est d'une époque beaucoup plus récente et a dû être construit à la fin du quinzième siècle.

A part cette adjonction, l'église de Pomponne ne paraît pas avoir subi la moindre modification jusqu'en 1789.

La grande révolution l'ayant privée de pasteur, elle tomba peu à peu en ruines et bientôt les exercices du culte n'y furent plus célébrés qu'à l'occasion des obsèques. En 1822, son délabrement était tel, que le conseil municipal prenait une délibération en vertu de laquelle l'église et son emplacement devaient être vendus aux enchères publiques (27 janvier 1822. Voir à la fin de ce chapitre les notes et pièces justificatives).

M. de Chanteloup, alors sous-préfet de Meaux, avant d'appuyer cette étrange demande, chargea M. Vernois, greffier de la Justice de paix du canton de Lagny, de faire une enquête de *commodo* et d'*incommodo*, par laquelle l'autorité municipale aurait dû commencer.

Sur trente notables de Pomponne consultés à cet effet, vingt-neuf demandèrent instamment la conservation de leur chère église comme l'avaient fait jadis, en 1804 et en pareille circonstance, les habitants de Pomponne ; un seul d'entre eux, par amendement, proposa « de ne conserver que le clocher ainsi qu'une chapelle dans laquelle on chanterait », disait-il, « deux grand'messes tous les ans, et où l'on dirait une messe basse tous les mois. »

Ce qu'il y a de plus curieux dans toute cette affaire, c'est que le même conseil, demandant la vente de l'église de Pomponne qu'il était si facile alors de restaurer, avait voté une somme de huit mille francs pour les réparations à faire à celle de Thorigny. Cette somme, relativement importante, a été payée tout entière au profit de la commune de Thorigny, paroisse à laquelle Pomponne avait été réuni.

Les choses en restèrent là jusqu'au 16 juillet 1826. — A cette époque, le conseil de fabrique prit une délibération tendant à obtenir l'érection de l'église de Pomponne, en succursale. Cependant, l'honorable M. P. André Dubarle, propriétaire du prieuré, sollicitait des pouvoirs publics l'autorisation de poursuivre devant les tribunaux le conseil de fabrique de Thorigny, afin d'obtenir de lui la réparation des dommages que lui avait causés la chute de plusieurs pierres provenant du mur de l'église avoisinant sa propriété, et ensuite, afin qu'en restaurant l'édifice en ruine, on mît ainsi en sûreté pour l'avenir sa personne et son habitation.

Au reçu de la pétition de M. Dubarle, pétition fortement appuyée par M. le Préfet de Seine-et-Marne, le conseil se réunit en séance extraordinaire le 19 septembre 1826, et, décide que l'on emploiera toutes les ressources disponibles pour effectuer les réparations les plus urgentes et supplie Mgr l'Évêque de Meaux de l'aider de tout son pouvoir auprès du Ministre des Cultes.

Mgr de Cosnac vient aussitôt visiter la pauvre vieille église; il ne tarde pas à en apprécier le vrai mérite architectural, et ses efforts, réunis à ceux des fabriciens, décident le conseil municipal à revenir sur sa précédente délibération.

La commune vote alors un secours de 700 francs et tout projet de destruction et de vente est heureusement abandonné.

Le 2 avril 1827, Pomponne est érigé en succursale et un conseil de fabrique, aussitôt constitué, est installé conformément à la loi.

Celui-ci, dans sa première réunion, décide

l'aliénation et la vente d'une partie de l'église comme étant le seul moyen de se procurer les fonds nécessaires à la réparation de la nef reconnue suffisante, à cette époque, pour les besoins du culte.

Pour répondre aux vœux des fabriciens, deux acquéreurs offrent alors 1400 francs du clocher, du chœur, de la sacristie et de la chapelle Sainte-Véronique.

Le conseil, à l'unanimité, accepte cette proposition et toute cette partie si intéressante de l'église qu'il faudra racheter plus tard et reconstruire à des prix onéreux est aliénée.

Le conseil municipal, dans sa séance du 27 Juillet 1834, avait autorisé et encouragé cette vente que rien à nos yeux ne justifiait.

L'église, réparée dans sa partie principale, avec les 1400 francs dont nous venons de parler, ne fut bénite solennellement que le 23 février 1843, par M. l'abbé Andrieux alors curé-doyen de Lagny. — Depuis cette époque, les exercices du culte y ont eu lieu régulièrement — jusqu'en 1857 — par les soins de

MM. Jaunet et Tournus, curés de Thorigny.

A partir de 1858 et jusqu'en 1874, époque à laquelle Pomponne est de nouveau et jusqu'en 1884 réuni à Thorigny, les premiers vicaires de Lagny sont chargés de desservir la paroisse. C'est ainsi que MM. Lapoule, Denis, Dessoyer et Cousin en sont successivement les curés.

C'est sous l'administration du pieux et zélé M. Cousin, que le rachat du chœur et de ses dépendances et la restauration de l'église tout entière furent décidés.

M. le curé fut puissamment secondé dans cette œuvre par M. E. Dubarle, alors conseiller à la Cour de Paris. — Ce généreux chrétien avait en effet acheté, en 1861, la partie aliénée de l'église, dans l'unique but de la retrocéder à la commune.

Aussitôt la rétrocession faite, et elle eut lieu je crois, en 1869, les travaux de restauration commencèrent. — Les fouilles pratiquées pour cela, ayant mis à jour à droite et à gauche de l'église, les fondations des antiques chapelles de la Sainte Vierge et de Sainte-Véronique, la réédification de ces deux chapelles fut aussi décidée.

Un an après, tous les travaux, intelligemment dirigés par M. Hottot, architecte à Lagny, étaient heureusement terminés, et l'église tout entière était définitivement rendue au culte le 18 avril 1870 (1).

Aujourd'hui l'église de Pomponne est, sans contredit, une des plus remarquables et des plus richement ornées de notre archiprêtré. — Trois magnifiques autels en pierre, dont le principal est dû à la libéralité de la famille Roux-Vavasseur, servent pour le Saint-Sacrifice ; de belles stalles, de nombreux tableaux dont quelques-uns d'une très grande valeur artistique, un superbe chemin de Croix offerts par MM. Dreux et Dumez, une riche table de communion donnée par M. Bacot, des statues de bon goût, de jolis lustres offerts par MM. Dubarle, Thibault, Blouin, Champlon font partie de l'ameublement.

(1) L'Eglise de Pomponne fut rendue au culte le jour des obsèques de M. Dubarle. M. l'abbé Cousin reconnaissant voulut ainsi honorer la mémoire d'un des principaux restaurateurs de son Eglise. (*Annales de Lagny*).

Les deux chapelles latérales, dédiées, l'une à la sainte Vierge, l'autre à sainte Véronique et reconstruites, comme nous venons de le dire, en 1869, sont un vrai bijou d'architecture. Elles s'ouvrent à gauche et à droite de l'avant-chœur et forment comme les bas-côtés de notre charmant petit édifice ogival.

La chapelle de sainte Véronique est le but d'un pèlerinage fort ancien. Ce pèlerinage qui, généralement, a lieu le Mardi-Gras et le premier mardi de septembre, attire ces jours-là à Pomponne des pèlerins de toute notre région.

J'ai cherché vainement quelle pouvait être l'origine de cette dévotion, je n'ai guère pu recueillir que des légendes.

Une des plus généralement accréditées est celle qui affirme qu'un seigneur de Pomponne aurait rapporté d'Italie un fragment du linge sacré qui servit à essuyer la sainte Face de notre divin Sauveur, pour en faire don à notre église. — Cette légende est très vraisemblable, je le répète, mais c'est une légende, et, si le récit est exact, comment se fait-il qu'il n'en soit fait mention dans aucun écrit et dans aucun ouvrage?

Les seules pièces officielles que j'ai pu découvrir concernant le pèlerinage sont d'abord une ordonnance de l'évêque de Paris, en date du 6 novembre 1514, établissant à Pomponne une Confrérie en l'honneur de sainte Véronique.

Ensuite, un arrêt du Parlement qu'on lira plus loin, lorsque nous parlerons du prieuré, rendu en janvier 1670, entre les Pères jésuites d'Amiens et Jean d'Imbert, curé de Pomponne.

Il est dit, dans cette pièce qui établit tout un réglement pour notre église et les prêtres qui devront y célébrer, « que le chef de sainte » Véronique sera en lieu décent et fermé. »

Pomponne aurait donc possédé le chef vénérable de la femme courageuse qui essuya l'auguste Face de N.-S. sur la Voie douloureuse.

Pour éclaircir ce point si important, j'aurais voulu voir et consulter les sentences et arrêts des 14 juillet 1502, 2 décembre 1506, 7 janvier 1511 données en l'Officialité de Paris, en celle de Sens, au Châtelet et au Parlement, comme aussi la sentence de l'Officialité de Paris du 10 janvier 1619, qui sont mentionnés dans l'arrêt de 1670. — D'après cette dernière pièce, toutes ces sentences réglaient les différents détails du culte; il est donc fort probable que l'une d'elles au moins, doit parler du *thrésor* (*sic*) dans lequel était autrefois déposée l'insigne relique de notre sainte.

J'ai demandé inutilement ces documents aux Archives Nationales, on n'a pu les y découvrir, malgré les recherches qu'on a bien voulu y faire pour m'obliger.

Quoiqu'il en soit, la dévotion à sainte Véronique est très vive dans notre chère paroisse et dans toute notre région, puisque, malgré l'indifférence de nos populations en matière religieuse, l'autel de notre sainte est constamment visité et que, les jours de pèlerinage, notre église est deux fois trop petite pour contenir les fidèles venus de tous les points de l'arrondissement et des arrondissements circonvoisins.

Dans le parc du prieuré situé à côté de l'église, se trouve la fontaine de Sainte-Véronique. — Les pèlerins ne manquent jamais de la visiter et de boire à ses eaux toujours limpides.

Cette fontaine, dont il est question dans l'arrêt de 1670, que nous citions tout à l'heure, est abritée par une chapelle bâtie sur la source et qu'ombragent des arbres séculaires.

Cette petite chapelle a été restaurée en 1864, par les soins pieux de la famille Dubarle, propriétaire du prieuré.

Mgr Allou avait promis de venir lui-même la bénir. — Empêché par la maladie, il pria M. le doyen de Lagny de vouloir bien le remplacer pour cette cérémonie. — La bénédiction eut lieu le 25 septembre, en présence de MM. les curés de Pomponne et de Gouvernes, de M. l'abbé Lalanne, directeur du collège Stanislas de Paris, et d'un très grand concours de fidèles.

M. l'abbé Lalanne, ami de M. et Mme Eug. Dubarle, composa à l'occasion de cette petite fête religieuse, le joli quatrain que voici :

> Dans ce bocage solitaire
> Et sous un nom chéri des cieux
> Coule, coule, onde salutaire
> Et sois propice à tous les vœux.

. . . .

L'église reçoit le jour par 15 fenêtres et deux rosaces ; les vitraux du sanctuaire et des bas-côtés sont fort riches et sont tous dus à la générosité de pieux chrétiens de la paroisse. — Ceux de la nef ont été achetés par la Fabrique et sortent des ateliers de M. Lévêque, de Beauvais.

L'ancienne cloche de Pomponne, cassée en 1855, pendant qu'on sonnait le tocsin pour un incendie, pesait 200 kilogr. Elle portait l'inscription suivante :

L'AN MILCCCCLXII FUT FAITE ET ME FIT REFERE MECIRE LEITFULT, PRIEUR DE POMPONNE.

Ave Maria.

La nouvelle cloche, fondue en septembre 1855, a un poids de 276 kilogr. Elle a coûté 948 francs. — Elle sort des ateliers de M. Hildebrand de Paris, et porte pour inscription :

« J'ai été bénite le 16 septembre 1855.

» Mon parrain fut M. Louis-Ed. Dreux et ma marraine Antoinette-Mathilde Pauchet, femme Dreux — Joseph Tournus, curé de Pomponne — Fouffé, Claude-Alexis, maire — Goret, Louis-Jean, adjoint — Sergent, Michel-Félix — Leblanc, Louis — Loth, Joseph-Antoine — Menu Louis — Motte, Louis-Ar^d, conseillers de la Fabrique.

» Je me nomme Louise-Mathilde.

» HILDEBRAND, fondeur. »

Cette cloche, comme l'indique l'inscription ci-dessus, fut donc bénite le 16 septembre 1855.

Voici, à titre de renseignements complémentaires, le procès-verbal qui fut dressé de cette cérémonie par le ministre consécrateur :

« L'an mil huit cent cinquante-cinq, le seize septembre, étant assisté de M. l'abbé Fèvre, vicaire de Lagny, nous, curé de la paroisse de Thorigny et Pomponne, soussigné ; spécialement délégué par Monseigneur l'Évêque de Meaux, par lettre en date du 25 août dernier, pour bénir une cloche fondue aux frais des habitants de Pomponne, avons procédé à cette cérémonie, conformément à ce qui est prescrit dans le rituel du diocèse, en présence de M. Édouard-Louis Dreux, propriétaire du château de Pomponne, parrain, et de madame Antoinette-Mathilde Pauchet, épouse de M. Édouard-Louis Dreux, marraine, qui lui ont donné les noms de LOUISE-MATHILDE.

Étaient aussi présents à cette cérémonie :
M. Fouffé, maire de la commune, Louis-J. Goret, adjoint, Michel-Félix Sergent, Louis Leblanc, Antoine Loth, Louis Menu, Louis Motte, président et conseillers de fabrique, et d'un très grand concours de fidèles.

» Ont signé le présent procès-verbal,

» Louis-Ed. DREUX, TOURNUS, curé †, FÈVRE, vicaire, Loth SERGENT, A. Mathilde PAUCHET, FOUFFÉ, MENU, DREUX. »

Un clocher monumental, contenant trois cloches, s'élevait jadis au nord, sur l'emplacement de la sacristie actuelle ; il était surmonté d'une flèche très élevée et du plus gracieux effet. — Une estampe de la « maison de Pomponne », conservée dans les archives de M. Dumez, en rappelle l'élégante silhouette. Il ne reste plus aucune trace de cette tour si remarquable, construite en même temps que l'église et dont elle formait cependant le plus bel ornement. Détruite en 1822, elle a été remplacée par un petit clocher, sans style, sans beauté et dont les proportions minuscules ne sont nullement en rapport avec le reste de l'édifice.

L'église de Pomponne possède quatre pierres tombales. Elles sont placées, depuis la restauration des chapelles latérales, à l'entrée de l'église.

La première, celle de Thibaud Bugaleau, est de 1461 ; elle est en pierre, haute de 0^m,72 et large de 0^m,54 ; elle est à droite en entrant, sur le mur de l'ouest.

En voici l'inscription, gravée en lettres gothiques :

« *Thibaud Bugaleau et Guillemette, sa femme, ont donné à l'église de Céans dix sols parisis de rente annuelle perpétuelle, païable chacun an, le jour Sainct Martin d'hiver, à les avoir prendre par le prieur de ladite église, en et sur une maison, pressoir et cave qui furent audit défunt Bugaleau et sa femme, assis à la Madelaine-lès-Laigny, tenant d'une part à Guillaume Cabillant, et d'autre part à Jehan Moot, aboutissant d'un bout, par derrière, à Augustin Dode et par devant à la rue. A la charge et sous telle condition que ledit prieur de Céans, ses successeur ou vicaire, seront tenus de dire et célébrer, ou faire dire et célébrer, par chacun an, en la dite église, une messe de Requiem en cette manière. C'est à savoir :*

A chacun vendredi des Quatre-Temps de l'an, une desdites messes, et l'autre messe le vendredi de devant la Pentecôte, et y seront tenus lesdits prieurs, successeurs et vicaire de la maintetenoir au prône lesdites messes, les dimanches de devant lesdits jours de vendredi et de faire prier pour les défunts, comme appert par les testaments desdits défunts par lettres authentiques faites et passées le vingt-neuvième jour de janvier, l'an mil quatre cent soixante-et-un.

» *Signé* : Nicolas-Guillaume Michon, de
» Gournay.

» *Priez Dieu pour les âmes desdits défunts.* Pater noster. Ave Maria. »

Le bas-relief qui surmonte le texte de la fondation est fort curieux. Il représente le Christ assis sur l'arc-en-ciel, et qui apparaît pour juger le monde. — Le saint personnage qu'on voit à gauche, représente, sans aucun doute, le donateur lui-même. — A droite, une femme qui doit être Guillemette, sort nue de son cercueil, pendant que le tombeau vide de son mari, qui lui, est déjà amené devant le juge. Au-dessous, sur une banderole, on lit ces mots :

Surgite mortui et venite ad judicium(1).

(1) Morts, levez-vous et venez au jugement.

Sur la même pierre, on remarque aussi l'écusson qui contient les armoiries originales et fantaisistes de Thibaud. Le blason a pour support deux écrevisses; dans le champ de l'écu sont placés deux couteaux en forme de chevron, puis deux coquilles en chef, et en pointe un poisson surmonté d'une grappe de raisin.

La seconde pierre est celle de Courtin; elle mesure 2^m,51 de hauteur sur 1^m,22 de largeur. Elle se trouve sur le mur du côté sud. En voici l'inscription :

Cy gist noble hôme Me Courtin, en son vivant Sr de Pomponne et de Villeneuve-aux-Asnes, notaire et secrétaire du roi notre sire et greffier de son trésor à Paris, lequel trespassa le 18e jour de janvier 1510. Priez Dieu pour lui.

Messire Martin Courtin est représenté vêtu d'une longue tunique qui rappelle les fonctions dont il était titulaire. Il a la tête nue, les mains jointes et les yeux levés vers le ciel. Un ange placé à ses côtés pèse une âme dans la balance divine. Au-dessus de la gravure, on remarque les armoiries de Courtin. Les écussons sont ornés de trois croissants.

Courtin avait d'abord été inhumé dans la chapelle de sainte Véronique, puis sa tombe fut transférée à l'entrée du chœur, et enfin, à l'occasion de la restauration de celui-ci, placée comme celle de Thibaud, à droite de l'entrée de l'église.

La troisième pierre tombale est celle de Simon Arnauld; elle porte le millésime de 1699. Elle est haute de 0^m94 sur 0^m65 de large : en voici l'inscription gravée sur marbre noir avec lettres dorées.

D. — O. — M.

Simoni Arnauld de Pomponne

Équiti marchioni de Pomponne,

Dno, baroni de Ferrières, Chambroès Aucquin-
villete.

Olim

Apud italos batavos succos'

Per honorificis |legationib, diligentere regalli-
cana perfuncto

| *demum*

Ludovico magno a sanctiorib' consiliis secretis
et mandatis.
Regni Semel atque iterum administro
Cursus, publicè generali prœfecto.
Amantissimo Conjugi parenti optimo
Uxor liberique mœrentes
posuere.
obiit
Regi universi ordinib et exteris œque Carus,
XXVI Septembris an RS. H. MDCXCIX.
OEtatis LXXX, *mensis* X, *die* XI.
Requiescat in pace
A Dieu très bon, très grand.

A Simon Arnauld de Pomponne, chevalier, marquis de Pomponne, seigneur, baron de Ferrières, Chambroès Aucquinville, etc., Ambassadeur de France en Italie, en Hollande et en Suède, deux fois ministre et secrétaire d'État de Louis-le-Grand, surintendant général des postes et relais de France, à l'époux chéri, au meilleur des Pères, son épouse et ses enfants désolés ont élevé ce tombeau. — Il mourut également regretté du roi, du royaume et de l'étranger, le 26 septembre, l'an 1699 de la Rédemption, âgé de 80 ans, 10 mois et 21 jours.

Qu'il repose en paix ! . . . .

La plaque de marbre sur laquelle est gravée l'inscription qu'on vient de lire, ferme une case pratiquée dans le mur et renfermant le cœur du Marquis Ministre.

Nous puisons ce renseignement, signé de tous les fabriciens de l'année 1842, dans le registre des délibérations.

Voici du reste, dans toute sa teneur, cet intéressant document :

« L'an mil huit cent quarante-deux, le neuf novembre, il a été en notre présence, nous, curé de Thorigny chargé de la paroisse de Pomponne, soussigné, placé au bas de l'église, dans une case pratiquée dans le mur, le cœur de Simon Arnauld, marquis de Pomponne, décédé à Fontainebleau, le vingt-six septembre de l'année seize cent quatre-vingt-dix-neuf. Ce cœur qui est scèlé dans un cœur en plomb, qui lui-même est renfermé dans une boîte en chêne de 25 centimètres de haut, 25 de large et 30 centimètres de long, a été retrouvé dans le chœur de l'église (partie de l'édifice aliénée) et replacé par nos soins dans ladite case que scèle et ferme la pierre tombale du dit Marquis : »

« *Signé* : Tournus, *curé* ; Leblanc, *président* ; Fouffé, *maire* ; Vauglin, Cochois, Guilleret. »

La quatrième pierre tombale, aussi en marbre noir, est celle de Nicolas-Simon Arnauld, fils du précédent. Elle porte le millésime de 1737 et contient l'inscription suivante :

A la mémoire de
Haut et puissant seigneur Nicolas-Simon Arnauld
cher Marquis de Pomponne et de Pallaiseau, Seigneur de Champlon, Forest, Bordeaux, la Villeneuve-aux-Aulnes, Luzency, la Madeleine, Novion et autres lieux, brigadier des armées du Roy, colonel des régiments de Ainault et

Artois infanterie à la tête desquels il s'est extrêmement distingué aux batailles de Stafardes en Piedmont, Stinkerq et Nerwingues. Ancien lieutenant général au gouvernement de l'Isle de France, envoyé extraordinaire de France auprès de l'électeur de Bavière père de Charles VI, a donné à cette psse XL *livres de rente 1° a perpétuité le j*^{or} *de son décès arrivé le* IX *avril* MVCCXXXVII *dans la* LXXV *année de son âge lequel sera annoncé au prône du dimanche précédn*^{t}; *2° pour en être distribué* V *livres aux pauvres qui y assisteront, enfin pour une messe de* Requiem *aussi à perpétuité les p*^{rs} *mercredys de chacq mois : il a encore donné* L *livres de rente aux pauvres de Pomponne, La Madeleine et en outre une maison de* L *livres de rente aux petites écoles.*

Le marquis Nicolas-Simon-Arnauld fut, comme chacun sait, un brillant capitaine; mais il fut surtout un grand et noble cœur, l'insigne bienfaiteur de Palaiseaux, de Pomponne et l'un des premiers propagateurs de l'instruction primaire dans ces deux localités.

A ce sujet, on ne lira sans doute pas sans intérêt l'extrait suivant du testament qu'il déposa en 1737 chez M⁰ Hugot, notaire.

Extrait du Testament et Codiciles de Messire Nicolas-Simon Arnauld de Pomponne, déposé à M⁰ Hugot, notaire, le 9 avril 1757 (1).

20 aoust 1721.

« Au nom du Père et du Fils et du Saint-
» Esprit.
» Je soussigné Nicolas-Simon Arnauld, de
» Pomponne, chevalier, seigneur marquis du
» dit Pomponne, La Villeneuve-aux-Anes,
» La Madeleine, Bordeaux, Forest, Luzançy,
» Novion et seigneur de Palaiseau, Champlon,
» Villebois, Feucherolles et autres lieux, con-
» seiller du Roy en ses conseils, lieutenant
» général pour Sa Majesté au gouvernement
» des provinces de l'Ile de France, Soisson-
» nais, Laonnais, Beauvoisin et Vexin, bri-

(1) Arch. NT. 437, I.

» gadier des camps et armées de Saditte
» Majesté.

» L'heure qu'il plaît à Dieu de nous retirer
» de ce monde étant inconnue à tous les
» hommes, et la plupart attendant à faire
» leurs dernières dispositions dans le temps
» qu'il en faut sortir, lorsque l'âge ou la mala-
» die ont ensemble abattu les forces du corps
» et diminué celles de l'esprit, il a plu à Dieu
» de m'ynspirer la volonté d'écrire et de faire
» mon testament et ordonnance et dernière
» volonté olographe et de ma main pendant
» que je ne suis attaqué ny du grand âge
» ny d'aucune maladie, afin que lorsqu'il
» plaira au Souverain Maître de l'Univers de
» me retirer du monde, mon esprit, libre de
» toutes inquiétudes mondaines, si mon corps
« ne l'est pas des maux par lesquels il voudra
» me faire finir, pour la punition de mes
» péchés, puisse s'attacher dans ses derniers
» moments tout entier à lui et n'estre plus
» agité d'aucun soucy humain par rapport aux
» affaires de ce monde.

» En premier lieu, je demande pardon à

» Dieu de tout mon cœur d'avoir mené une vie
» si peu chrétienne et de l'avoir tant offensé
» pendant le cours des jours qu'il m'a accordés
» sur la terre, j'espère, de l'étendue de sa
» divine miséricorde, qu'il ne me punira pas
» selon la sévérité de ses jugements et que
» par l'intercession de la Sainte-Vierge que
» j'ay toujours particulièrement révérée et
» honorée, celle de saint Nicolas, évesque et
» martyr, et saint Simon, apôtre, mes patrons,
» il voudra bien me donner entrée dans son
» Saint Paradis, après m'avoir fait reconnaître
» icy bas tous mes égarements et donné le
» temps et la ferveur de la pénitence.

. . . .
. . . .

» Je veux qu'il soit donné et fourni à ma
» paroisse de Pomponne, si je ne l'ay point
» fait avant mon décès, un ornement d'église
» blanc, fort honnête et propre, composé
» d'un devant d'autel, chasuble pour le célé-
» brant, deux tuniques et trois chapes, dont
» une distinguée pour le célébrant, avec tout
» ce qui doit accompagner, le tout de la

» valeur d'au moins mille livres. Lequel orne-
» ment je veux qu'il soit conservé proprement
» sans servir aux jours ordinaires, mais seule-
» ment aux jours de Pasques et grandes festes
» annuelles où l'Eglise se sert de blanc et par-
» ticulièrement aux jours et festes solennelles
» de la Sainte-Vierge. Mes armes et celles de
» ma femme y seront appliquées en broderies,
» et pour qu'il ne soit ny fripé, ny gasté par
» les suittes, ils seront toujours serrés et mis
» dancs et parmy les ornements de la chapelle
» du château, aux soins du chapelain fondé
» qui ne l'en tirera pour la paroisse qu'aux
» festes solennelles où l'Eglise se sert de blanc
» et celles de la Sainte-Vierge pour ses grands
» offices, les retirera ensuite, sans les laisser à
» la sacristie de la paroisse.

. . . .

» Je veux et ordonne qu'il soit payé à la
» fabrique de Palloiseau une somme de mille
» livres pour employer à la fondation d'un
» service que je veux qui soit célébré tous les
» ans à Palloiseau au jour de mon décès ou
» au plus tard, trois jours après le bout de

» de l'an, à perpétuité, pour le repos de mon
» âme, lequel service sera célébré par mon-
» sieur le curé, avec diacre et sous-diacre et
» deux chantres, et outre, ce premier faire
» dire aussi dans la dite église de Palloiseau
» deux messes basses au grand autel, tous les
» premiers mercredis de chaque mois de
» l'année et aussi à perpétuité sur le revenu
» de laquelle fondation je veux qu'il soit payé
» et distribué six livres aux pauvres de la dite
» paroisse qui assisteront au service du bout
» de l'an, et surplus pour la rétribution de
» monsieur le curé, des prêtres assistants et
» les messes basses de chaque mois et à la
» fabrique.

» J'ordonne aussi qu'il sera mis par mes
» héritiers une inscription en marbre noir,
» avec mes armes, mon nom et mes qualités,
» portant ladite fondation, laquelle inscrip-
» tion sera scellée et attachée à main gauche
» du côté de l'Evangile, dans la muraille du
» chœur de la dite église de Palloiseau, afin
» que les prières et aumônes que j'ordonne
» pour le repos de mon âme ne soient point

» ignorées par les pauvres et qu'elles soient
» faites à perpétuité.

» J'ordonne pareillement qu'il sera mis *en*
» *fonds*, pour la fabrique de Pomponne, la
» somme de huit cents livres, dont la rente et
» fonds seront par mes héritiers franchis
» de tout amortissement aussi bien que celle
» de mille livres ci-dessus pour celle de
» Palloiseau pour y célébrer un service tous
» les ans, à pareils jours à perpétuité en la
» manière que je l'ai ordonné ci-dessus à
» Palloiseau, à l'exception du diacre et du
» sous-diacre, à cause qu'il n'y a pas à Pom-
» ponne un si grand nombre de prêtres qu'à
» Palloiseau, et que le prieur, curé du dit
» Pomponne, sera tenu de dire, ou son vicaire,
» une messe basse à mon intention en orne-
» ment noir, aussi tous les premiers mer-
» credis de chaque mois, comme en la ma-
» nière que je l'ai ordonné ci-dessus à
» Palloiseau, auquel jour du service solennel,
» il sera sur le revenu de la dite fondation,
» distribué cinq livres aux pauvres de la dite
» paroisse de Pomponne, qui s'y trouveront

» et qui prieront Dieu pour moi. Messieurs les
» curés des dites deux paroisses de Pomponne
» et de Palloiseau, seront tenus à perpétuité
» d'annoncer ou faire annoncer au prône du
» dimanche précédent le service solennel qui
» sera fait pour moi, dans chacune des dites
» paroisses, chaque année au jour de mon
» décès, afin que les pauvres, étant avertis, y
» puissent venir, et cette clause sera mise
» aussi dans les deux inscriptions en marbre
» noir que j'ai ordonné, voulant et entendant
» qu'il en soit mis une pareille et semblable
» dans le chœur de l'égise de Pomponne, à
» main gauche, *proche la chapelle de la sainte*
» *Vierge qui est celle de la maison.*

» Je veux et j'ordonne qu'il sera mis en
» fonds, la somme de mille livres, laquelle je
» donne et lègue à l'Hôtel-Dieu, charité de
» Pallaiseau, une fois payée et rachetable de
» pareille somme de mille livres, valant cin-
» quante livres de rente, quand l'emploi sera
» trouvé sûr et valable, et, en attendant la
» dite rente payée annuellement par ma suc-
» cession pour le revenu, en être employé à la

» subsistance et soulagement des pauvres de
» la dite paroisse de Palloiseau, surtout des
» orphelins, vieilles femmes et vieillards,
» hors d'état de travailler et gagner leur vie ;
» laquelle aumône sera dépensée avec les
» autres revenus par la trésorerie des pauvres
» sous l'inspection de messieurs les curés et
» celles des seigneur et dames de Palloiseau
» qui viendront après moi, ainsi qu'il se pra-
» tique pour les autres revenus du dit Hôtel-
» Dieu et Charité de Palloiseau.

» Je donne aussi, et aux mêmes termes et
» conditions ci-dessus, pareille somme de
» mille livres qui sera mise en fonds valant
» cinquante livres de rente pour les pauvres
» de la paroisse de Pomponne, La Madeleine
» et Bordeaux, d'où je suis seigneur, *dont le*
» *revenu sera aussi pareillement dispensé par*
» *Messieurs les* (1) *Curés de Pomponne, suivant*
» *les besoins qu'ils en connaîtront dans la pa-*
» *roisse*, et en rendront compte tous les ans

---

(1) M. le curé de Pomponne ne fait plus partie du Bureau de Bienfaisance depuis 1880.

» aux Seigneurs et Dames de Pomponne qui
» viendront après moi. — Lesquelles fonda-
» tions de legs, je veux et ordonne qu'ils aient
» aussi leur place et soient énoncés dans les
» deux inscriptions en marbre que j'ai ordon-
» nées, dans chacune des dites églises de
» Pomponne et de Pallaiseau, afin que les
» pauvres pour qui elles sont faites n'en puis-
» sent à jamais ignorer.

» Je donne et affecte à la maîtresse d'école
» qui est à Pomponne et à celles qui viendront
» après elle, la petite maison où elle demeure
» actuellement au dit lieu de Pomponne, la-
» quelle m'appartient dans le village, et j'or-
» donne de plus, qu'outre les cinquante livres
» de rente que je paie actuellement à la dite
» maîtresse d'école, comme charge de suc-
» cession de mon père et de ma mère, qui
» m'est restée par mes partages avec mes frère
» et sœur, la mienne paiera encore mille livres,
» qui seront jointes aux autres mille livres
» dont je paie la rente, et ces deux sommes
» ensemble mises en fonds, pour former un
» revenu qui sera à perpétuité destiné et payé

» aux maîtresses d'école de Pomponne pour
» l'instruction des filles et des jeunes garçons
» de la paroisse, jusqu'à l'âge de neuf ans seu-
» lement pour les garçons. . . . . . .
. . . . »

PIÈCES JUSTIFICATIVES

DOCUMENTS CONCERNANT LA VENTE PROJETÉE
ET LA RESTAURATION
DE L'EGLISE DE POMPONNE

3 janvier 1822.

Pétition du sieur Sakoski, propriétaire à Pomponne, demandant la réparation ou la vente et la démolition de l'église de Pomponne.

A Monsieur le comte de Goyon, préfet du département de Seine-et-Marne.

Sakoski, propriétaire à Pomponne, canton de Lagny, a l'honneur d'exposer à Monsieur le Préfet qu'il est propriétaire du ci-devant

Prieuré de Pomponne, consistant en un jardin et un bâtiment. — L'église, restée invendue jusqu'à ce jour, et qui dépendait du dit Prieuré, est adossée à ce bâtiment. Depuis la suppression du Prieuré, l'église n'a pas servi au culte; les ornements en ont été enlevés, et la commune de Pomponne a été réunie à la paroisse de Thorigny.

Il résulte de cet état de choses que, cette église n'a été ni réparée ni entretenue depuis cette époque; que le clocher et la chapelle de Sainte-Véronique sont depuis plusieurs années entièrement découverts; que le reste du toit de l'église tombe journellement par débris; que la pluie pénètre partout, pourrit les voûtes et menace d'un éboulement prochain; qu'il se détache des blocs de pierre qui écrasent le toit d'une partie du bâtiment dont il est propriétaire, lequel, par cela, devient inhabitable, et que la ruine totale et prochaine de cet ancien édifice lui fait encourir les plus grands dangers.

Attendu l'authenticité reconnue des faits ci-dessus énoncés, le suppliant demande :

1° Qu'il soit pourvu à la réparation de l'église du ci-devant Prieuré de Pomponne, ou qu'elle soit vendue et démolie ;

2° Que dans le cas où elle pourrait être vendue et qu'il ne se présente aucun acquéreur, en raison du peu de valeur des matériaux et l'état de détériorement dont il est parlé d'autre part, le sieur Sakoski en soit rendu seul adjudicataire, à charge par lui de la faire démolir à ses frais, d'après l'estimation qui en serait faite ;

3° Que, comme il appert du plan de l'administration des ponts et chaussées qu'une partie du terrain occupé par cette église doit être prise pour l'élargissement de la route, il lui soit alloué, dans le cas où il deviendrait adjudicataire, une indemnité proportionnée à la valeur de la portion du terrain concédé et imputable sur le montant de son adjudication.

Le sieur Sakoski supplie instamment Monsieur le Préfet de prendre en considération l'exposé de sa demande, et d'y faire droit, vu l'urgence.

Sa reconnaissance égalera le profond respect avec lequel il a l'honneur d'être

Son très humble et obéissant serviteur.

Signé : SAKOSKI,
Bottier au Palais-Royal, n° 110.

A Paris, ce 2 janvier 1822.

En marge est écrit :

« Renvoyé à M. le sous-préfet de Meaux pour autoriser le conseil municipal à se réunir et en délibérer, pour me transmettre le tout avec ses observations et son avis.

» A la Préfecture, Melun, le 6 janvier 1822, n° 641.

» Le Préfet de Seine-et-Marne,
» Signé : LE COMTE DE GOYON. »

Délibération du conseil municipal de la commune de Pomponne, relative à la démolition de l'église de cette commune (1).

« L'an mil huit cent vingt-deux, le vingt-sept janvier,

---

(1) 27 janvier 1822. Délibération du conseil municipal de Pomponne demandant la vente de l'église de Pomponne.

» Le conseil municipal de la commune de Pomponne, assemblé extraordinairement à l'effet de délibérer sur une demande faite par le sieur Sakoski, bottier à Paris, tendant à faire réparer ou abattre l'église de Pomponne à raison de dommages que lui cause cet édifice par son état de dégradation.

» La séance ouverte, Monsieur le Maire donne lecture de la pétition du sieur Sakoski, ainsi que de la lettre de Monsieur le Sous-Préfet de l'arrondissement qui renvoye la dite pétition devant le conseil municipal de Pomponne pour donner son avis.

» Le conseil, considérant que l'église de Pomponne est dans un état de vétusté et de dégradation tel qu'il faudrait une somme considérable pour la réparer et que la commune n'a aucune ressource pour y parvenir; considérant que depuis la restauration du culte, cette église est restée abandonnée, qu'il ne s'y fait aucun office, la commune, étant sous ce rapport réunie à celle de Thorigny.

» Considérant enfin que la commune de Pomponne est depuis trois ans, et pour quatre ou cinq encore, imposée à une somme annuelle *de huit cents francs* pour sa cote-part dans le prix des réparations faites à l'église de Thorigny et qu'en raison de l'insuffisance des revenus, il a été imposé des centimes additionnels pour payer cet impot.

» Est d'avis que l'église soit vendue comme étant le seul moyen d'en tirer un prix plus avantageux.

» La commune désire conserver le clocher et la cloche — la partie de la commune où se trouve le clocher est distante d'une demi-lieue de l'autre partie ; la cloche sert à annoncer l'heure aux habitants et devient bien nécessaire en cas d'incendie.

» Le conseil demande que la réparation du clocher soit faite sur une partie du prix résultant de la vente de l'église et le reste du prix sera à valoir sur la part que paie Pomponne dans les réparations de l'église de Thorigny.

» Fait en séance le jour, mois et an que dessus.

» *Signé* : FOUFFÉ, VERNEAUX, MEMON, SERGENT, F. MARÉCHAL, CHEDDEVILLE PÈRE, SELLIER *et* LE PRIEUR, MAIRE. »

Département de Seine-et-Marne — Sous-Préfecture de Meaux. — Objet : — Vente de l'église de Pomponne.

Meaux, le 25 février 1822.

Monsieur,

Le conseil municipal de Pomponne demande, par une délibération du 27 janvier dernier, que l'église de cette commune, ainsi que son emplacement, soient vendus aux enchères ; cette autorisation ne peut lui être accordée sans qu'au préalable, les habitants aient été entendus sur les avantages ou les inconvénients qui peuvent en résulter.

J'ai l'honneur de vous informer que j'ai fait choix de vous, Monsieur, pour recevoir leurs déclarations à ce sujet. Le procès-verbal dans lequel elles seront consignées devra être sur papier libre, attendu que l'enquête dont il s'agit est une opération d'administration publique qui n'a d'autre objet que celui d'éclairer l'autorité.

A monsieur Vernois, Greffier de la Justice de Paix du canton de Lagny.

Je joins ici toutes les pièces dont vous avez besoin pour remplir votre mission. Je vous serai obligé d'y apporter vos soins les plus empressés.

Recevez, Monsieur, l'assurance de mes sentiments distingués.

Le Sous-Préfet de l'arrondissement,
Signé : LE COMTE DE CHANTELOUP.

Numéros des pièces renvoyées à M. le sous-préfet.

N° 1. — Rapport :

N° 2. — Procès verbal de commodo et incommodo.

N° 2 *bis*. — Pétition Sakoski.

N° 3. — Délibération du conseil municipal de Pomponne.

N° 4. — Délibération du conseil municipal de Pomponne.

N° 5. — Pétition de M. Dartigne, du 16 février 1820.

Mairie de Pomponne

Les habitants de la commune de Pomponne sont prévenus que, le dimanche 17 mars 1822, heure de midi, en l'église du dit lieu, M⁰ Vernois, Greffier de la Justice de Paix du canton de Lagny, Commissaire nommé par M. le Sous-Préfet de l'arrondissement de Meaux, entendra les habitants de la dite commune sur les avantages ou les inconvénients qui peuvent résulter de la vente de l'église du dit lieu et de son emplacement, ainsi que le propose le conseil municipal de la dite commune par sa délibération du vingt-sept janvier dernier.

Tous les habitants sont invités à venir émettre leur vœu à ce sujet.

Le Maire,

Le Prieur.

Procès-Verbal de commodo et incommodo. Sur la proposition faite par le conseil municipal de la commune de Pomponne de vendre l'église du dit lieu et son emplacement (1).

L'an mil huit cent vingt-deux, le dimanche dix-sept mars, heure de midi.

En exécution de la lettre à nous adressée le vingt-cinq février dernier par Monsieur le comte de Chanteloup, sous-préfet de l'arrondissement de Meaux, par laquelle il nous prévient qu'il a fait choix de notre personne pour recevoir la déclaration des habitants de la commune de Pomponne, sur les avantages et les inconvénients qui pourraient résulter de la vente aux enchères de l'église de cette commune et de son emplacement, laquelle vente est demandée par le conseil municipal de ce village, suivant sa délibération du vingt-sept janvier dernier.

En conséquence, des affiches mises et apposées et des publications faites à son de caisse, aux lieux accoutumés dans la dite commune, par les soins et à la diligence de Monsieur Martin Jean-Baptiste Le Prieur, maire de Pomponne,

(1) 17 Mars 1822.

les dites affiches indiquant que ce jourd'hui, heure présente, en l'église du dit lieu, il sera procédé à l'opération sus-énoncée.

Nous, Jean-Maxime-Gabriel Vernois, greffier de la Justice de Paix du canton de Lagny, arrondissement communal de Meaux, département de Seine-et-Marne, demeurant en la dite ville de Lagny, accompagné de mon dit sieur Martin Jean-Baptiste Le Prieur, nous sommes transportés en la commune de Pomponne et nous sommes rendus à l'église du dit lieu, laquelle nous avons trouvée disposée pour l'objet dont il s'agit.

Les habitants de la commune de Pomponne avertis de notre arrivée, par le son de la cloche et de la caisse, se sont rendus en la dite église. Après leur avoir fait part de notre mission, et leur avoir donné lecture :

1° De la lettre sus-énoncée de Monsieur le sous-préfet;

2° De la pétition présentée par le sieur Sakoski à Monsieur le comte de Goyon, préfet du département de Seine-et-Marne, en date du trois janvier dernier, par laquelle le dit sieur Sa-

koski expose : « Que l'Eglise de Pomponne n'a
» été ni réparée, ni entretenue depuis le com-
» mencement de la Révolution, que le clocher
» et la chapelle de Sainte-Véronique sont de-
» puis plusieurs années entièrement décou-
» verts, que le reste du toit de l'église tombe
» journellement par débris, que la pluie pé-
» nètre partout, pourrit les voûtes et menace
» d'un écroulement prochain, qu'il se déta-
» che des blocs de pierre qui écrasent le toit
» d'une partie du bâtiment dont il est proprié-
» taire, lequel par cela devient inhabitable
» et que la ruine totale et prochaine de cet an-
» cien édifice lui fait courir les plus grands
» dangers et qu'attendu l'authenticité reconnue
» des faits ci-dessus énoncés il demande : qu'il
» soit pouvu à la réparation de la dite église
» de Pomponne ou qu'elle soit vendue et dé-
» molie. »

3° De la délibération en date du vingt-sept janvier prise par le conseil municipal de Pomponne relativement à la pétition du sieur Sakoski, portant que le conseil est d'avis que l'église soit vendue à l'enchère, moyen d'en tirer un parti plus avantageux et exprime le désir de conserver le clocher et la cloche.

Nous avons annoncé aux habitants réunis en la dite église que nous allions de suite procéder à l'enquête dont il est question, et nous les avons invités à venir chacun séparément au bureau pour faire leurs déclarations que nous avons reçues dans l'ordre suivant :
1° Jean Claude Dalancourt, percepteur des contributions directes de la commune de Pomponne, âgé de cinquante-cinq ans. — Lequel a déclaré demander la conservation de l'église de la commune comme avantageux tant sous le rapport civil, que sous le rapport religieux et a, le dit sieur Delancourt signé après lecture : J.-Ch. Delancourt Vernois.

2° Alexandre Dartigues, propriétaire demeurant au bout du pont de Lagny, commune de Pomponne, âgé de soixante-dix ans, a déclaré protester individuellement et s'opposer formellement à la vente de l'église de Pomponne et emplacement de la dite église, attendu que cette vente serait impolitique, immorale et en opposition avec les sentiments religieux et énergiquement exprimés par deux délibérations du Conseil principal, notamment par celle prise en séance principale, le trente-un octobre, mil huit cent dix-neuf, à laquelle ont aussi été appelés et questionnés les dix plus imposés des habitants de la commune de Pomponne, qui tous, d'une voix unanime, ont clairement manifesté leur intention et volonté de ne point coopérer ni participer aux réparations à faire à l'Eglise de Thorigny, commune qui leur est étrangère, tandis que l'église de Pomponne n'aurait pas coûté deux mille francs pour être solidement réparée.

Cette importante délibération, fort étendue sur les puissants motifs qui en font la base, se termine par supplier Monsieur le Préfet de faire demande à monseigneur l'Evêque de Meaux d'un desservant pour l'Eglise de Pomponne, lequel aurait à recevoir le legs annuel de trois cents francs, fait à la commune de Pomponne pour l'entretien d'un chapelain ou desservant, chargé aussi d'instruire les enfants du village.

Attendu aussi, que par la démolition de l'église, le legs annuel de trois cents francs serait à jamais perdu pour la commune de Pomponne, laquelle, par suite de sa réunion pour le culte seulement à la commune de Thorigny, est comprise pour un tiers dans la dépense relative à l'église de Thorigny, ce qui fera à peu près sept mille francs à payer en huit années par la commune de Pomponne, dont la première par avance, à commencer en l'année mil huit cent dix-neuf, — Déclarant encore le dit Alexandre Dartigues, qu'individuellement, il persiste à soutenir la commune de Pomponne pour le culte seulement à celle de Thorigny, faite en l'an douze (année mil huit cent quatre) par intrigues et cabale, tout-à-fait contraire aux intérêts des habitants, puisqu'ils ont à dépenser cinq mille francs de plus qu'il ne leur en aurait coûté pour réparer très solidement leur église, commodément située pour l'exercice du culte, et qui renferme les tombeaux de leurs divers bienfaiteurs, notamment du célèbre Arnauld de Pomponne, ministre de Louis quatorze, qui ne doivent pas être souillés par une cupidité que réprouvent la raison et le bon sens.

Ajoutant le sieur Dartigues, qu'il persiste dans les demandes et protestations contenues en la pétition qu'il a eu l'honneur d'adresser à Monseigneur le Pair de France, Préfet du département de Seine-et-Marne, comte Germain de Monforton, le seize février mil huit cent-vingt.

Et a, le dit sieur Dartigues, signé après lecture : Alexandre Dartigues Vernois. »

« 3° Félix Bricon, agissant comme mandataire de madame veuve, messieurs et mademoiselle de Courmont propriétaires de la terre de Pomponne, le dit sieur âgé de vingt-neuf ans.

A déclaré que ses commettants s'opposaient à la vente de l'église de Pomponne, fondés : 1° sur les motifs donnés par Monsieur Dartigues dont il déclare que communication lui a été faite par ce dernier ; 2° sur ce que, la réunion de cette commune à celle de Thorigny pour le spirituel, est incompréhensible et irréligieuse, en ce qu'elle tend à écarter les habitants du service divin par leur éloignement ;

que les mesures, qui ont été prises pour cette réunion, n'ont pu avoir lieu que par des personnes qui ne connaissent pas les localités. Car, on ne s'est pas contenté de solliciter et d'obtenir, malgré l'opposition des habitants, la réunion de ces deux communes ; mais, une église étant nécessaire à cette réunion, et celle de Thorigny étant pour ainsi dire détruite, on en vota la reconstruction sur la même place que celle où elle se trouvait située, c'est-à-dire à l'entrée du village, du côté du levant, lorsque la commune de Pomponne se trouvait au couchant et à plus d'une demi-lieue, il eût été plus convenable, sans être plus dispendieux, dans cette circonstance, de l'établir entre les deux communes, c'est-à-dire à *La Madeleine*, entre Pomponne et Thorigny.

Malgré les habitants de Pomponne, qui ne se servent en aucune manière de l'église de Thorigny et qui vont de préférence à l'église de Lagny entendre le service divin, parce que l'Eglise de cette commune est bien plus à leur convenance, il n'en est pas moins vrai que l'impôt nécessaire à la reconstruction de l'église de Thorigny a été réparti sur les impôts de la commune de Pomponne en forte partie.

La position de cette dernière commune, sur les bords de la Marne, la grande route qui la traverse, son port et toutes les améliorations dont elle est susceptible, ont déterminé les habitants, dans tous les temps, à voter la conservation de leur église, et à solliciter, du gouvernement, un prêtre qu'ils n'ont pu obtenir jusqu'à présent.

La commune de Vaires, située à une demi-lieue à l'est de Pomponne, également dépourvue de prêtre, fut réunie à la commune de Brou, au moment où cette commune sollicitait sa réunion à Pomponne, à cause des relations fréquentes entre Vaires et Lagny, dont le chemin traverse Pomponne à peu près à moitié de distance. On ne sait quel a été le motif de ces réunions, sinon de faire supporter à la commune de Pomponne une forte portion dans l'impôt de l'église de Thorigny.

Persuadé que le Gouvernement reconnaîtra les préjudices qu'on a fait supporter à la commune de Pomponne par cette réunion, pour en gratifier la commune de Thorigny, et que bientôt Pomponne recevra les justes droits auxquels il peut prétendre, les propriétaires de la terre de Pomponne ne peuvent consentir à la démolition de l'église ni à sa vente, dont la couverture seule a besoin d'entretien, le surplus étant dans le meilleur état ; attendu qu'après avoir supporté une forte partie des frais de reconstruction de l'église de Thorigny et avoir pour ainsi dire fondu la leur dans celle-ci, il serait dans la nécessité d'en faire construire une autre, lorsque le Gouvernement aura reconnu la justice des droits à accorder aux habitants de Pomponne. Et a, ledit sieur Bricon, signé après lecture à lui faite de son dire, dans lequel j'ai trouvé quatre mots rayés nuls. — Félix Bricon. — Vernois.

» 4° Jean-Baptiste-Alexandre Chedeville, propriétaire, demeurant en la commune de Pomponne, âgé de trente-deux ans, a déclaré qu'il serait dans l'intérêt de la commune de construire une chapelle où on pourrait dire la messe une fois par mois, et deux messes solennelles : une le jour de sainte Véronique et l'autre le jour de saint Pierre par chaque année; on mettrait la cloche au-dessus de cette chapelle. Par ces moyens, on éviterait une grande dépense à la commune. Lecture faite au sieur Chedeville de sa déclaration, il dit y persister et a signé Chedeville, fils. — Vernois.

» 5° Nicolas-Toussaint Vauglin, jardinier, demeurant à Pomponne, âgé de...

» A déclaré, que, comme habitant de Pomponne, il croit, sous tous les rapports et dans l'intérêt de la commune, que l'on doit conserver l'église et la réparer, et qu'il y aurait de grands inconvénients à la vendre, et a, le dit sieur Vauglin, signé après lecture faite. — Vauglin. — Vernois.

» 6° Nicolas-Denis Bourgeois, cultivateur, demeurant en la commune de Pomponne, âgé de cinquante-sept ans, a déclaré qu'il demande la conservation de l'église et qu'elle soit réparée, regardant la vente et la démolition de la dite église, comme préjudiciable à la commune et a, le dit Bougeois, signé après lecture. — Bourgeois — Vernois.

» 7° Nicolas-Toussaint Vauglin, demeurant à Pomponne, cultivateur, âgé de trente-neuf ans, a déclaré s'opposer à la démolition de la dite église et à la vente, comme préjudiciables à la commune et demander au contraire sa conservation, — et, a, le dit sieur Vauglin, déclaré ne savoir signer, après lecture. Signé : Vernois.

» 8° Jean-Pierre Richard, propriétaire à Pomponne, âgé de soixante-trois ans, a déclaré qu'il ne veut pas qu'on abatte l'église ni qu'on la vende, puisqu'elle peut être facilement réparée, pourquoi il déclare que ce serait un désavantage et il en demande la conservation ; et a, le dit sieur Richard, déclaré après lecture, ne savoir signer. Signé : Vernois.

» 9° Vincent Fortier, vigneron, demeurant à Pomponne, âgé de cinquante-huit ans, a déclaré qu'il croit la conservation de l'église de Pomponne comme utile, pourquoi il en demande la conservation et s'oppose à sa vente et à sa destruction, et a, le dit sieur Fortier, signé après lecture. Signé : Vincent Fortier et Vernois.

» 10° Pierre Menu, manouvrier, demeurant à

Pomponne, âgé cinquante-cinq ans, a déclaré qu'il demande la conservation et la réparation de l'église comme très utile à la commune et qu'il pense qu'il serait mal de la détruire, et a, le dit sieur Menu, déclaré ne pas savoir signer, après lecture. Signé : Vernois.

» 11° Nicolas Lepage, cultivateur et propriétaire, à Pomponne, âgé de quarante-cinq ans, a déclaré qu'il est dans l'intérêt public de conserver l'église ; qu'il demande qu'elle ne soit pas vendue et s'y oppose, et a, le dit sieur Lepage, signé après lecture. Signé : Lepage et Vernois.

» 12° Noël Lagniel, manouvrier, demeurant à Pomponne, âgé de cinquante-quatre ans, a demandé que l'église soit conservée ; sa démolition pouvant produire le plus grand mal, et a, le dit sieur Lagniel, déclaré ne savoir ni écrire, ni signer. Signé : Vernois.

» 13° Jean-Charles Siosoller, aveugle de naissance, demeurant à Pomponne, âgé de cinquante-six ans, a déclaré qu'il demande la conservation de l'église pour le bien général ; sa destruction étant contraire aux principes, et a, le dit sieur Siosoller, déclaré ne savoir signer à cause de sa cécité. Signé : Vernois.

» 14° Pierre Cochet, manouvrier à Pomponne, âgé de trente-trois ans, a déclaré que l'église pouvant être facilement réparée, il demande sa conservation, sa destruction étant contraire à la raison et à l'intérêt de la commune, et a, le dit sieur Cochet, déclaré ne savoir signer. Signé : Vernois.

» 15° Thomas Guilleret, vigneron, demeurant à Pomponne, âgé de trente-neuf ans, a déclaré qu'il y a plus d'avantage de conserver l'église, qui peut être réparée, que de la détruire et de la vendre, et a signé après lecture. Signé : Guilleret et Vernois.

» 16° Antoine-Denis Thiercelin, manouvrier, demeurant à Pomponne, âgé de trente-sept ans, a déclaré que la conservation de l'église lui paraît dans l'intérêt général ; pour quoi il demande qu'elle ne soit pas vendue, et le dit Thiercelin, signe après lecture. Signé : Thiercelin et Vernois.

» 17° Pierre Richard, charretier, demeurant à Pomponne, âgé de trente-sept ans, a dit qu'une église étant utile dans une commune et celle de Pomponne pouvant être rétablie, il en demande la conservation et à signé, après lecture. Signé : Richard et Vernois.

» 18° Jean-Baptiste-Pierre Richard, manouvrier à Pomponne, âgé de vingt-six ans, a dit qu'il demande la conservation de l'église; sa vente et sa destruction pouvant avoir de grands inconvénients, surtout l'église pouvant être réparée : Et le dit sieur Richard a déclaré ne savoir signer, après lecture. Signé : Vernois.

» 19° Etienne Guilleret, manouvrier à Pomponne, âgé de trente-six ans, a dit qu'il est pour la conservation de l'église; sa destruction ne pouvant pas profiter à la commune, et lui étant préjudiciable, et, il a déclaré ne savoir signer. Signé Vernois.

» 20° Jean-Baptiste Egeley, manouvrier à Pomponne, âgé de vingt-six ans, a dit : Je demande le rétablissement et la conservation de l'église; et il a dit ne savoir signer. Signé : Vernois.

» 21° Jean Egeley, manouvrier à Pomponne, âgé de cinquante-sept ans, a dit qu'il demande la conservation de l'église et s'oppose à sa vente et a signé, après lecture. Signé : Egeley et Vernois.

» 22° Thomas Blouin, manouvrier, demeurant à Pomponne, déclare qu'il est plus avantageux de conserver que de détruire l'église, et qu'il demande qu'elle ne soit pas vendue, — et il a déclaré ne pas savoir signer, après lecture. Signé : Vernois.

» 23° Pierre-Prieur Richard, manouvrier à Pomponne, âgé de soixante-sept ans, a déclaré qu'il est plus utile de conserver l'église que de la détruire, que c'est avantageux pour la jeunesse et qu'il demande qu'on ne la vende pas ; et il a déclaré ne savoir signer. Signé : Vernois.

» 24° Pierre Barbier, âgé de vingt-trois ans, manouvrier à Pomponne, a déclaré qu'il pense qu'il y a plus d'avantage à conserver que de détruire l'église, pourquoi il pense qu'elle ne doit pas être vendue ; il a dit ne savoir signer. Signé : Vernois.

» 25° Antoine Loth, tonnelier, âgé de vingt-cinq ans, demeurant à Pomponne, a demandé qu'on rétablisse l'église, trouvant qu'il y a plus d'avantages à la conservation qu'à la destruction et la vente de l'église, et, a signé, après lecture. Signé : Loth et Vernois.

» 26° Charles Guilleret, âgé de quarante-deux ans, bûcheron à Pomponne, a dit qu'il pense qu'il y a plus d'avantages que d'inconvénients, à conserver l'église, et signe après lecture. Signé : Guilleret et Vernois.

» 27° Jacques Blouin, voiturier à Pomponne, âgé de trente-deux ans, a déclaré qu'il est plus utile pour la commune de Pomponne de conserver son église que la vendre, et a dit ne savoir signer. Signé : Vernois.

» 28° Thomas Guilleret, âgé de quatre-vingts ans, propriétaire à Pomponne, a déclaré qu'il demande qu'on conserve l'église, si on peut, croyant qu'il est plus utile de la conserver que de la détruire et de la vendre. Il a dit ne savoir signer. Signé : Vernois.

» 29° François Ganon, âgé de trente-huit ans, garde-vente à Pomponne, a déclaré qu'il pense que, sous tous rapports, il est plus avantageux de conserver que de vendre l'église; un pays sans église étant malheureux pour la jeunesse et pour tous les habitants; et a signé, après lecture. Signé : Ganon, Vernois.

» 30° Jérôme Delandine de Saint-Esprit, conservateur de la bibliothèque du cabinet du Roi, âgé de trente-deux ans, propriétaire et demeurant en la commune de Pomponne.

» A déclaré : qu'ayant nouvellement formé un établissement rural ou école d'agriculture, avec des associés dont il se fait fort, la destruction de l'église de Pomponne, chère à tous les habitants par les souvenirs qui s'y rattachent, serait des plus préjudiciable à ses compatriotes; que cet établissement pouvant s'accroître, des familles entières et nombreuses peuvent se fixer à Pomponne et augmenter sa population; qu'il est dans leurs principes et dans leur cœur, de conserver les monuments religieux, de suivre et de faire suivre à leurs subordonnés et employés, autant qu'il dépendra d'eux, le culte et la religion de leurs pères. Il a, de plus, observé que la terre de Pomponne, vendue par portions détachées, a donné à la commune de Pomponne, depuis peu, des habitants dont l'opinion et l'influence peuvent balancer la délibération du conseil municipal, *qui jadis a donné son avis pour servir des intérêts particuliers.*

» Que le conseil pouvant se renouveler, et les membres pris dans les plus forts imposés de la commune, il en résulterait que tous ceux qui réclament maintenant contre cette délibération, et qui ont signé le présent procès-verbal, sont dans la latitude et la catégorie d'être appelés comme habitants les plus marquants et les plus imposés, aux fonctions de membres du conseil. Par ces différents motifs, il proteste contre toute démolition ou vente de cet édifice religieux.

» Le vœu de cette conservation avait déjà été exprimé par une délibération du conseil municipal, en date du trente-et-un octobre, mil huit cent dix-neuf, lorsque déjà, on avait fait des tentatives pour la destruction de ce monument.

» L'autorité vigilante daignera apprécier le vœu des habitants, qui n'ont pour mobile que l'intérêt public. Et a, ledit sieur Delandine

de Saint-Esprit, signé après lecture. Signé :
Le chevalier Delandine de Saint-Esprit, —
Vernois.

» De tout ce que dessus, nous avons fait et
rédigé le présent procès-verbal que nous avons
signé sur le bureau, en la dite église de Pomponne, lesdits jours, mois et an que dessus, le
dimanche dix-sept mars, mil huit cent vingt-deux, ainsi que ledit sieur Leprieur, maire.
Signé : Leprieur, maire; — Vernois — avec
paraphe. »

Lettre adressée par M. le sous-préfet de l'arrondissement de Meaux, le neuf septembre, mil huit cent vingt-deux, à M. le président de la fabrique de l'église de Thorigny.

Monsieur,

L'église de Pomponne, qui, par le fait de la
réunion de cette commune, pour le spirituel, à
celle de Thorigny, appartient à la fabrique de
cette dite commune, m'a été signalée comme
menaçant la sûreté publique.

Je vous prie d'assembler, sans perte de

temps, le conseil de fabrique que vous présidez, afin qu'il avise aux moyens de réparer cette église, ou demander que son emplacement et les matériaux à provenir de sa démolition, soient aliénés.

Agréez, monsieur, l'expression de mes sentiments respectueux. Signé : de Chanteloup.

Vente proposée de l'église de Pomponne et de son emplacement. Rapport de M. Vernois commissaire délégué de M. le sous-préfet de Meaux (1).

Jean Maxime Gabriel Vernois, greffier de la justice de paix du canton de Lagny et commissaire délégué de monsieur le sous-préfet de Meaux.

A Monsieur Lecomte de Chanteloup, sous préfet de l'arrondissement de Meaux.

Monsieur,

Je vous transmets, avec la présente, le procès-verbal de *commodo et incommodo* du

(1) 3 avril 1822.

17 mars 1822, relatif à la vente de l'église de Pomponne et de son emplacement, proposée par le conseil municipal de cette commune, suivant sa délibération du 27 janvier 1822, lequel procès-verbal, j'ai rédigé en vertu de la commission que vous m'avez adressée le 25 février dernier.

Au procès-verbal sus-énoncé, je joins toutes les pièces que vous m'avez fait passer et dont j'avais besoin pour remplir la mission qui m'était confiée. J'ai annexé aux dites pièces, sur la demande de M. Dartigue, un des notables habitants de Pomponne, et comme pouvant servir de renseignements à la cause dont il s'agit, la copie d'une pétition qu'il a adressée le 16 février 1820 à monsieur le préfet du département.

L'état effrayant de l'église de Pomponne, présenté par le sieur Sakoski dans sa pétition du trois janvier dernier, adressée à M. le prefet, m'a déterminé à vérifier, avant la réunion des habitants, l'exactitude des faits par lui avancés. Convaincu de l'infidélité de son exposé, dont l'exagération m'a paru au-dessus de toute expression, j'ai indiqué la tenue de l'Assemblée dans l'église même à l'effet par les habitants de prononcer en connaissance de cause.

L'authenticité invoquée par ce sieur Sakoski, en faveur des faits par lui allégués, est loin d'être reconnue.

C'est contre la vérité que ce pétitionnaire avance : que le clocher et la chapelle de Sainte-Véronique sont depuis plusieurs années entièrement découverts, que le reste du toit de l'église tombe journellement par débris ; qu'il se détache des blocs de pierres qui écrasent le toit d'une partie du bâtiment qu'il occupe, lequel, par cela, devient inhabitable et que la ruine totale et prochaine de cet ancien édifice lui fait encourir les plus grands dangers.

Depuis trente ans, il n'a pas été fait de réparations à l'église de Pomponne ; sa couverture et celle de la chapelle et du clocher sont en mauvais état et particulièrement le faîtage, mais, il n'y a de découvert qu'un petit passage d'un mètre de large, près le clocher, dans la partie opposée aux bâtiments du dit sieur

Sakoski ; ce passage adossé à l'église a été construit pour, à l'extérieur, servir d'entrée et de communication à la chapelle de Notre-Dame, qu'occupaient les anciens seigneurs du village. En réparant la couverture, les vitraux et quelques dégradations causées par la pluie dans la partie gauche du chœur attenant le clocher (ce qui n'occasionnerait pas une excessive dépense), ce monument religieux pourrait encore exister plus d'un siècle.

L'église de Pomponne a été solidement bâtie ; elle est toute voûtée et ornée d'un clocher en pavillon couvert en ardoises, mais elle est sans ailes. Le chœur paraît avoir été bâti au treizième siècle et la nef au quatorzième. Le portique est d'un style et d'une époque plus récente. Il reste, au fond de ce bâtiment, un vitrage qui est incontestablement du treizième siècle ; des peintures sur verre du dix-septième siècle se trouvent dans la chapelle Sainte-Véronique. Le maître-autel, les autels des chapelles, la boiserie entière du chœur, la chaire, le banc d'œuvre, les fonts baptismaux, sont encore existants et en bon état ; avec peu de dépense, on y célébrerait décemment les saints mystères.

Dans le sanctuaire, à gauche, est inhumé Simon Arnauld, célèbre ministre d'État, fils de Robert Arnauld, seigneur d'Andilly, lequel rendit, par sa réputation, le nom de Pomponne plus mémorable qu'il n'avait jamais été.

A droite, dans ledit sanctuaire, repose le corps de demoiselle Catherine Ladvocat, épouse de mon dit sieur Arnauld de Pomponne. M. Lemaître de Sacy, si connu par ses ouvrages, a été enterré dans cette église, au commencement de l'année 1684 (1).

En 1710, le marquis de Pomponne, fils de Simon Arnauld, obtint que les ossements de Robert Arnauld d'Andilly et autres de la même famille, fussent transportés dans l'église de Pomponne.

Les inscriptions en marbre noir gravées en lettres d'or, et qui avaient été placées au-dessus des tombes de M. et de Madame Arnauld

---

(1) Voir acte de décès de M. Lemaître de Sacy, p. 25.

de Pomponne, gisent aujourd'hui ignominieusement dans un coin de la sacristie de l'église de Thorigny, où je les ai vues, il y a quelques années, et où elles ont été transportées, lors de la réunion, pour le culte, des communes de Thorigny et de Pomponne.

Le mur latéral de la dite église au nord, donnant sur la place, sert de clôture à des bâtiments qu'il soutient et qui y sont adossés. — Ces bâtiments, qui appartiennent à divers propriétaires, ont été construits, dans l'origine, pour le logement du maître d'école et du chapelain. — Quel que soit le sort de l'église de Pomponne, ce mur doit être conservé ; sa destruction entraînerait la ruine totale des habitations sus-mentionnées, et, lorsqu'en mil huit cent-quatre, une semblable demande fut faite, pour la vente et la démolition de cette église, les propriétaires des maisons susdites adressèrent, pour la conservation de leurs droits, aux autorités supérieures, de fortes réclamations qui furent déposées dans les bureaux de la préfecture et de la sous-préfecture.

Par acte passé à Pomponne, le 31 décembre 1701, et reçu par M⁰ Callet et son collègue, notaires à Paris, deux ans après la mort de M. Simon Arnauld de Pomponne, mademoiselle Catherine Ladvocat, sa veuve, fonda un chapelain, pour la chapelle du château, du titre de Notre-Dame et pour celle du même nom, dans l'église paroissiale, — le chargeant d'y faire l'école ; et, pour l'entretien dudit chapelain, elle créa une rente de trois cents francs au capital de huit mille francs — laquelle rente existe encore et est perçue par l'hospice civil de Lagny, à défaut de l'existence d'un chapelain, aux termes du contrat de constitution de ladite rente.

Dans l'état présent des choses, cette rente de *trois cents francs* rendue à sa destination primitive, ainsi qu'il est réclamé par plusieurs habitants, et qu'il est constaté par le procès-verbal d'enquête sus-énoncé, faciliterait l'établissement d'un desservant, en augmentant le traitement qui lui serait attribué.

Le vœu général des habitants est pour la conservation de leur église, et ils ont manifesté cette année, ainsi qu'ils l'ont fait en mil huit cent quatre, une forte opposition à sa vente et à sa destruction.

Sur trente habitants qui ont fait leurs déclarations, vingt-neuf demandent la conservation de l'église; un seul, par amendement, propose de ne conserver que la cloche et une chapelle dans laquelle on dirait seulement une messe basse tous les mois et deux grand'messes chaque année.

Les principales déclarations sont celles de M. Dartigues, des héritiers de Courmont et de M. le chevalier Delandine de Saint-Esprit; dans ces déclarations sont développés les moyens puissants qui militent en faveur de la conservation de ce monument religieux, un des plus curieux, des plus remarquables et des plus solides du canton de Lagny.

En exposant l'opinion publique pour la conservation de l'église de Pomponne, j'ai pensé qu'il était utile et indispensable de faire connaître l'espèce de servitude dont cet édifice est grevé par le fait des constructions qui y sont adossées; d'entrer dans le détail des moyens indiqués et encore existants pour procurer à cette commune un desservant, surtout dans un moment où des établissements avantageux s'y forment ; une école d'agriculture et une compagnie pour l'exploitation de pierres gypseuses, lesquelles, soumises à des préparations chimiques, remplacent l'albâtre et le marbre, ne peuvent qu'en augmenter la population et rendre plus urgent le besoin d'un ecclésiastique, et de rappeler les souvenirs précieux que ce temple renferme, afin que, si des circonstances impérieuses en nécessitaient la destruction, on puisse, dans l'intérêt général de l'État, de la religion et des arts, et dans l'intérêt particulier des habitants de Pomponne, ordonner les mesures que prescrirait la garantie qui est de droit pour les propriétés publiques et particulières, la reconnaissance due à la mémoire des bienfaiteurs dont on peut jouir encore des sacrifices qu'ils ont faits, pour assurer le service religieux et l'instruction de la jeunesse, et le respect que commandent les cendres d'une famille illustre, par des travaux savants, sa piété éminente et les grands services qu'elle a rendus à l'État.

Je désire que le travail que je vous soumets puisse mériter votre approbation.

Agréez, je vous prie, l'assurance des sentiments du plus profond respect, avec lesquels j'ai l'honneur d'être, monsieur, votre très humble et très obéissant serviteur.

Signé : VERNOIS.

Lagny, 3 avril 1822.

Séance extraordinaire du seize juillet, mil huit cent vingt-six.

Délibération de la fabrique de l'église de Thorigny, pour l'érection de l'église de Pomponne en succursale (1).

Le conseil de la fabrique de l'église paroissiale des communes de Thorigny et de Pom-

---

(1) 16 juillet 1826.

ponne, réuni au lieu ordinaire de ses séances, et se trouvant au nombre des membres prescrit par l'article neuf du décret du trente décembre, mil huit cent neuf;

Sur le rapport de M. Jaunet, curé desservant de ladite église paroissiale de Thorigny et de Pomponne;

Vu l'arrêté du gouvernement du 30 may 1806, concernant les biens et rentes des Fabriques des églises;

Vu l'ordonnance royale du 28 mars 1820;

Considérant que l'église de Pomponne est à une distance d'environ une lieue de l'église de Thorigny; que cet éloignement, surtout dans la mauvaise saison, peut priver les personnes âgées et infirmes de Pomponne des consolations et des secours de la religion; qu'en outre, l'inconvénient des grands chemins expose les choses saintes à l'irrévérence des passants;

Considérant qu'il existe encore plusieurs rentes dépendant de l'ancienne Fabrique de l'église de Pomponne, et notamment une rente de trois cents livres fondée en 1701 par madame la marquise veuve de monsieur Simon Arnauld, marquis de Pomponne, pour le traitement d'un chapelain en ladite église, et qu'en attribuant, d'après les voies légales, le produit de ces rentes au traitement du curé desservant, lequel traitement serait encore augmenté par celui accordé par l'Etat, il serait facile d'obtenir du Gouvernement l'érection de l'église de Pomponne en succursale ;

Considérant que l'église de Pomponne, quoique *urgente* de réparations, surtout en ce qui concerne la couverture, est un bâtiment solide, qui peut être réparé et dont la conservation intéresse la société et la religion, et que l'intérieur de ce bâtiment est dans un état, où, avec peu de dépenses, on pourrait célébrer convenablement les saints mystères;

Considérant que le vœu général des habitants de Pomponne est pour la conservation de leur église et qu'en mil huit cent-quatre, et en mil huit cent-deux, ils ont manifesté, comme ils manifesteraient encore aujourd'hui, une forte opposition à sa vente et à sa destruction;

Considérant que dans la position avantageuse dans laquelle se trouvent en ce moment les habitants de la commune de Pomponne, ils peuvent jouir du bienfait accordé spécialement par l'ordonnance du 25 aoust 1819, en sollicitant que leur église soit érigée en succursale et voulant, autant que besoin, coopérer à l'accomplissement de leurs vœux.

L'adoption des motifs énoncés au rapport susmentionné ayant été délibérée au nombre des voix, prescrit par la loi.

A arrêté à l'unanimité :

Article premier. — L'érection de l'église de Pomponne en succursale, sera sollicitée auprès de notre bien-aimé, notre sage et pieux monarque.

Art. 2. — Pour l'obtention de cette demande, monseigneur l'évêque de Meaux est supplié de l'appuyer de toute son autorité et d'employer, à cet effet, tous les moyens que sa charité pastorale pourra lui suggérer.

6.

Art. 3. — Une expédition des présentes sera transmise en conséquence à Sa Grandeur monseigneur l'évêque de Meaux. Délibéré au Conseil, lesdits jours, mois et an que dessus.

(*Suivent les signatures*).

CHAPITRE III

PRIEURÉ

Ce fut Jehan de Pomponne qui, en l'année 1176, fonda, à proprement parler, le prieuré. A cet effet, il fit don d'un terrain, appelé *Luabium*, situé près du château et allant aboutir à la rivière de Marne. C'est là, qu'à ses frais, on construisit la première maison prieuriale.

Maurice de Sully, évêque de Paris, y envoya aussitôt des religieux de l'ordre de Saint-Martin-aux-Bois (diocèse de Beauvais) (1).

Sur ces entrefaites, et pour bien montrer

---

(1) *De Sully, anno 1177, confirmavit donum decimæ de Luabium factum priorato de Pompona a Johanne de Pomponna (anno 1177, Episcopatus decimo Septimo)* Gall. chr., t. VII.

tout l'intérêt qu'il portait à la nouvelle création, le sieur Roger de Gournay, co-seigneur de Pomponne, confirma la donation de Jehan et enrichit à son tour le prieuré, en lui cédant plusieurs terres qu'il possédait à Villeneuve-aux-Anes.

L'œuvre prospéra peu à peu et se signala, surtout, par les services de tous genres qu'elle rendit aux pauvres et aux ignorants de toute la contrée.

En mai 1367, Charles V, ayant entendu parler du mérite des religieux de Pomponne, du grand savoir de Frère Noël Hubert, prieur d'alors, manda ce dernier à la Cour. Frère Hubert intéressa vivement le roi à sa cause ; il lui fit part de ses nombreuses difficultés avec les seigneurs de Pomponne ; il se plaignit en particulier du rôle effacé qu'on voulait lui faire jouer, des échanges de terre qu'on le forçait à accepter, des tracasseries de tous genres qu'on lui créait et qui, toutes, disait-il, tendaient à amoindrir son autorité, à restreindre l'importance de ses revenus et l'étendue de sa juridiction.

En un mot, il fit tant et si bien, que le Roi, par une ordonnance que nous publions ci-après in-extenso, le prit sous sa haute protection et lui donna à cet effet six de ses gardes. Ceux-ci, comme le disent bien les lettres royales, devaient veiller à la sécurité du prieur et de tous les siens, lui assurer le respect et l'indépendance nécessaires à l'exercice de son saint ministère, punir quinconque chercherait à l'inquiéter, à le molester dans sa personne ou dans ses biens, qui devraient être exempts de toutes redevances, etc.

Lettres par lesquelles le Roy donne des gardiens au prieur de Pomponne qui est sous la sauvegarde royale (1).

Karolus Dei gratia Francorum rex : Universis presentes litteras inspecturis, salutem. Regalem decet excellentiam, curam sollicitam adhibere, ut regni nostri subditi ; et presertim persone ecclesiastice, et que religionis habitum assumpserunt, ac de die et de nocte, ad Divinum

---

(1) Paris, le 6 de may 1367. *Ordonnance des rois de France*, tome 5.

vacant servicium et Creatori altissimo famulantur, suis temporibus pacis paratis, tranquillitate gaudeant, et a pressuris et injuriis quibuslibet deffendatur, eo ut libencius et devocius circa Divina vacare valeant, quo abundancius et liberalius, per Regalem potenciam senserint se adjutas : Hinc est quod Vos ad supplicationem Fratris Natalis dicti: Huberti, prioris de Pomponia, ordinis sancti Augustini, qui ab antiquo in protectione et salvagardia nostrà regia speciali erat ipsum, et habundanti, tam in capite quam in membris, unà cum familiaribus et hominibus (1) de corpore, si quos habet, et bonis suis universis in regno nostro existentibus, ad sui juris, conservacionem dumtaxat, tenore presencium, de gracia suscipimus speciali et eidem in gardiatores deputamus *Petrum de Fonte, Simonem Hery, Oudoinum de Valle, Johannem dictum Hautemarree, Johannem Guerart* et *Petrum* dictum de *Cornouaille*, servientes nostros in prepositurà parisiensi ; quibus et

(1) Espèce de serfs.

eorum cuilibet, comittimus et mandamus, quatenus ipsum priorem, familiares et homines de corpore ejusdem, defendant ab omnibus injuriis, violenciis, gravaminibus, molestiis, oppressionibus, vi armorum, potencia laycorum et aliis novitatibus indebitis quibuscumque, et in suis justis possessionibus, franchisiis, libertatibus, immunitatibus, juribus, usibus et saisinis, in quibus ipsum esse, suosque predecessores fuisse pacifice invenerint ab antiquo, manu teneant et conservent, non permittendo contrà ipsum aut in bonis ipsius aliquas fieri vel inferri injurias aut indebitas novitates; quas, si factas esse vel fuisse invenerint, in prejudicium ipsius et nostre Salvæ-Gardie supradicte, ad statum pristinum et debitum redducant sive redduci faciant, et Nobis ac Parti emendam propter hoc condignam fieri et prestari, dictamque salvam-gardiam nostram ubi fuerit opportunum et in signum ejusdem pernuncellos nostros regios, in locis, domibus et bonis ejusdem, in terra que Jure scripto, regitur, situatis et alibi, in casu eminentis periculi faciant apponi, ne aliquis possit se de ignorancia exusare : Inhibendo ex parte nostra, omnibus personis de quibus fuerint requisiti, sub certis penis nobis applicandis, ne eidem priori aut familiaribus sive hominibus de corpore ejusnem, seu in bonis ipsius, aliquod quomolibet fore facere presumant : Et si in casu novitatis inter ipsos, racione bonorum suorum et aliquos alios, aliquod oriatur debatum, quod dictum debatun et rem contenciosam, in manu nostra tanquam superiori, ponant et facta per eandem recredencia, per illum vel illos judices ad quem vel quos pertinuerit, illi ex dictis partitus, cui de jure fuerit facienda, partes debatum hujusmodi facientes et cciam dicte nostre Salve-Gardie infractores et contemptores et qui contemptores et qui in contemptum ejusdem, prœdictis gardiatoribus aut eorum alteri gardiatoris officium exercendo, injuriam fecerint vel offensam, sive qui eis aut eorum alteri inobedientes fuerint, coram judicibus ad quos predictorum cognicio pertinere debuerit adjornando processuros, super hoc, ut fuerit racionis. Si vero dictus prior, aut aliqui de suis familiaribus, ab aliquibus assecuramentun habere voluerint, volumus quod dicti gardiatores, aut eorum quilibet, adjornent illos à quibus dictum assecuramentum habere voluerint ad certos et competentes dies, coram judicibus ad quos debité, pertinuerit, daturos assecuramentum predictum, bonum et legitimum, juxtà Patrie consuetudinem, prout racionabiliter fuerit faciendum et generaliter faciant dicti gardiatores et eorum quilibet, omnia et singula que ad gardiatores officii pertinent, et possent racionabiliter pertinere omnibus justiciabilibus et subditis nostris, dantes tenore presencium in mandatis, ut prefatis gardiatoribus in predictis et ea tangentibus, pareant efficaciter et intendant, pressentque auxilium, favorem et consilium, si opus fuerit et super hoc fuerint requisiti : volumus tamen quod iidem gardiatores seu eorum aliqui de premissis aut aliqui de premissis, aut aliquibus eorum que cause cognicionem exigunt, se aliqualiter intromittant.

In cujus rei testimonium, sigillum nostrum

presentibus Litteris duximus apponendum.

Datum Parisius, die 6ᵃ Maii, anno Domini, millesimo, trecentesimo, sexagesimo-septimo et Regni nostri, quarto.

Collation faite à l'original scellé en cire jaune à double queue.

In Requestis Hospicii.

Signé : Henri Cokeri.

Fiers d'un si puissant appui, les prieurs oublièrent, peut-être un peu, ce qu'à plusieurs titres ils devaient à leurs anciens bienfaiteurs.

On les vit en effet, en plusieurs circonstances, s'affranchir de certains droits que les seigneurs de Pomponne s'étaient réservés dans le prieuré, et qui consistaient à y descendre, y être logés, nourris, eux, leurs suites et leurs nombreux équipages, à y tenir les assises, à y rendre la justice, etc., etc.

Tous ces droits étaient légitimes, on ne saurait en disconvenir, mais n'étaient-ils pas un peu abusifs. En créant le prieuré, les seigneurs n'avaient-ils donc d'autre but que de construire une hôtellerie, un prétoire, dont les religieux deviendraient les vulgaires gardiens? On serait presque tenté de le croire, lorsqu'on lit les nombreux procès qui, pendant près de 300 ans, furent intentés de part et d'autre (1).

Cependant les prieurs ne pouvaient, à aucun prix, être ou paraître des esclaves ou des hommes-liges. Leur ministère réclamait une indépendance absolue.

A mon humble avis, les seigneurs auraient fort bien pu remiser ailleurs qu'au prieuré leurs brillants et nombreux équipages. Il leur était facile également de choisir, pour rendre la justice et faire exécuter leurs sentences, un autre local que la paisible demeure de pacifiques religieux.

Pour étendre et embellir leurs domaines, les seigneurs de Pomponne, nous l'avons déjà dit ailleurs, achetèrent et détruisirent ensuite plus de 150 maisons dans le seul quartier du « Clocher ». C'était leur droit, c'était légal, dirions-nous aujourd'hui.

Mais toutes ces acquisitions pouvaient-elles

(1) V. Arch. du Château. « Grand Répertoire ».

se poursuivre sans mécontenter les prieurs qui, par le fait d'expropriations successives, ininterrompues, virent, en peu d'années, les membres de leur famille spirituelle diminuer de plus de cinq cents?

Evidemment non.

Mais il ne nous appartient pas de juger tous ces différends, si regrettables à tous les points de vue, et qui, pendant près de trois siècles, divisèrent si profondément les seigneurs et les prieurs, curés de Pomponne.

D'ailleurs, le cercle restreint d'un essai de simple monographie nous l'interdit, et nos recherches, encore incomplètes sur cette délicate question, nous le défendent également.

Revenons plutôt, et bien vite à l'historique et à la description du prieuré, que, jusqu'ici, nous n'avons pas encore faite.

A l'origine, le prieuré de Pomponne était conventuel; plus tard, il devint, comme on le verra bientôt, commendataire.

C'est ainsi qu'en 1617, il fut cédé aux Pères jésuites d'Amiens, qui en améliorèrent beaucoup la situation matérielle.

Déjà à cette époque, le prieuré se composait, est-il dit dans un acte que nous avons trouvé aux Archives nationales :

« De deux grands corps d'hostels en potence,
» dont l'un joignant l'église, et l'on va de l'un
» à l'autre par une grosse *visse* (1) bien édi-
» fiée et par toutes les chambres, par de belles
» galeries esquelles on entre.

» Lequel prieuré contient galerie haute et
» basse en formant de cloistre, cuisine, refec-
» toire « au bout d'une grande salle et dessous
» icelle une grande *cour* avec quelques offices
» proches la cuisine, *en une desquelles* sont
» des cuviers à faire vendanges.

» Dans l'autre corps d'hostel, sont quatre
» grandes chambres avec chacune un cabi-
» net, dix ou douze autres petites chambres à
» cheminées, avec greniers au-dessus. . .

. . . .

» La cour édifiée d'une grange à volet de
» pigeons sur la porte d'icelle.

» Une petite cour séparée, où sont les étables

(1) Le mot « visse » doit vouloir dire galerie.

» à pourceaux, grandes bergeries, estables à
» vaches, et, au milieu de la grande cour un
» grand colombier, le tout de bonne ma-
» çonnerie, couverts de tuiles et clos à l'entour
» de murailles à tourelles et créneaux. Der-
» rière le corps d'hostel joignant l'église, il
» y a un beau grand jardin, appelé le jardin
» « Sainte-Venisse tout fermé de grosses mu-
» railles et planté d'arbres qui est une bonne
» garenne à lièvres. »

» Il y a une voie entre le dit jardin et le dit
» corps d'hostel, par où les pèlerins vont de
» l'église aux fontaines, l'une appelée : La Fon-
» taine aux Hommes, l'autre : La Fontaine aux
» Femmes.

» Derrière l'autre corps d'hostel un autre
» jardin à porettes et violettes tout *esloré* de
» treilles à faire verjus et clos tout à part de
» fortes murailles, et, dedans iceluy au bas, il y
» a deux étangs à poissons, enclos des murail-
» les dudit jardin, jusque sur l'un des grands
» viviers dudit hostel.

» Dedans le pourpris des bâtiments, il y a un
» lieu appelé martyrologe, tenant d'une part à

» l'église et de l'autre, au portail à crénaux de
» la cour dudit prieuré. — Auquel martyro-
» loge on inhume ceux qui *laisse* legs à l'é-
» glise. »

La ferme du prieuré se trouvait en face des batiments habités par les prieurs — Elle consistait en « une maison manable, à deux
» travées, granges, colombiers, bergeries,
» estable à pourceaux. »

« Une séparation de la cour du prieuré et
» de celle de ladite ferme. — « Un grand portail
» entre deux, le tout, contenant de *Pourpris*
» tant le prieuré que la dite ferme et cours
» d'iceux environs deux arpens de terre, tenant
» d'un côté à la rue de Paris, d'autre vers le
» midi, au jardin du *Prioré* et ferme à la ruelle
» qui conduit à la fontaine de Sainte-Véro-
» nique. »

Indépendamment de tous ces immeubles avoisinant l'église, dont nous venons de rapporter la curieuse description, le prieuré possédait bien d'autres terres, d'un revenu considérable, qui formaient ce que l'on appelait alors le *fief Saint-Pierre*.

La déclaration suivante en indiquera toute l'étendue et tous les privilèges (1).

Messire Joseph Foudrier de Boisrevaux, chanoine de Sainte-Geneviève, et prieur de Pomponne, a déclaré devant M⁰ Laurent Gilles, notaire Roïal, le treize octobre mil sept cent soixante-trois, qu'il appartient à son dit prieuré le fief appellé de Saint-Pierre, les parties duquel situées dans la haute, moyenne et basse justice de Pomponne, appartenant à haut et puissant seigneur, messire Charles Henri de Feydeau, marquis de Brou, qui consistent dans les objets ci-après ;

Laquelle déclaration, le dit sieur prieur a seulement faite pour constater l'étendue du dit fief, et sans que mon dit seigneur de Brou ni ses successeurs, puissent en exciper pour la suzeraineté ni pour d'autres droits que ceux portés aux actes et transactions, dont il sera fait ci-après mention.

Premièrement, déclare le dit sieur Prieur qu'il dépend du dit fief la maison prieurale, du dit Pomponne avec son enclos — basse-cour et

(1) Archives de M. Dumez : Gros Répertoire.

logement du fermier, le tout contingu, contenant six arpents 40 perches, et tenant du midi au fossé qui sépare le dit enclos de l'allée sur le bord de la rivière de Marne qui appartient à mon dit seigneur, dans lequel fossé et partie de la dite allée, passait jadis un bras de la dite rivière, du nord au grand chemin de Pomponne à Lagny à l'église paroissiale du dit Pomponne et une maison qui formait autrefois l'hôtel des Malliets et dont partie appartient maintenant au sieur Denis et l'autre partie aux héritiers de François Tannelet; du couchant, à la maison de Jacques Thomas au jardin de la dame veuve Prieur, et un terrain de mon dit seigneur aboutissant du levant sur l'allée de mon dit seigneur, qui descend, du parc à la rivière, un fossé entre deux.

Dans l'étendue du quel enclos il appartient audit prieuré la moyenne et basse justice et les amendes, jusqu'à soixante sols et la haute, appartient à mon dit seigneur, lequel a le droit de faire tenir les assises, le vingt six aoust, de chaque année, dans le terrain qui fait actuellement la basse-cour du dit prieuré, et dans la quelle sont assis les bâtiments du fermier du dit prieuré, le tout conformément à la transaction passée entre M. Nicolas de Hacqueville seigneur dudit Pomponne, et le prieur du dit lieu le vingt-deux juin mil six cent-vingt.

2° *Item*. — Un pré sous le chemin de Pomponne à Lagny, contenant un arpent, tenant du nord au grand chemin, du midy à mon dit seigneur, aboutissant du levant sur la dame Prieur, du couchant sur le pré de mon dit seigneur.

3° *Item*. — Une pièce de terre près *de l'arche*, au dit Pomponne, contenant deux arpens, un quartier tenant du levant et du nord à mon dit seigneur, du couchant à la ruelle qui descend de la dite Arche à la rivière, et du midi à ladite rivière.

4° *Item*. — Une pièce de terre appelée la *Bande*, sous le grand chemin de Paris, contenant onze arpens, quarante perches, tenant du levant, au *champ de la foire*, appartenant à mon dit seigneur, du midy à la grande Isle de mon dit seigneur, du couchant, à la route plantée d'abres, qui conduit aux communes de

Pomponne et au nouveau dit grand chemin.

5° *Item.* — Une pièce de terre dans *la voirie du marais*, contenant sept arpens quatre-vingt-quatorze perches, tenant du levant à mon dit seigneur, du dit levant, du nord et du couchant au Prieuré de Vaires, et du midi à un pré de mon dit seigneur.

6° *Item.* — Une autre pièce de terre sous ladite voierie, contenant un arpent et demy, séparée de la précédente par la pièce du dit prieuré de Vaires, tenant du levant, au dit prieuré de Vaires, un grand fossé entre deux, du midi, à un prez de mon dit seigneur, du couchant et du nord, au terroir de Vaires, du dit nord, à la dite voierie qui conduit aux communs du dit Pomponne.

7° *Item.* — Une grande pièce de terre *sous le bois du marais*, contenant vingt-trois arpens, vingt-cinq perches, tenant du levant, à mon dit seigneur, du midy et du couchant, au tournant à ladite voierie du marais; du dit couchant et du nord, au moïen d'une grande hache au dit *bois du marais*, du dit nord à la grande allée de face du château du dit Pomponne, coupée par le chemin de Paris, de la quelle pièce, il y en a vingt-et-un arpens au milieu qui ont été donnés au dit prieuré, pour l'indemniser à la dixme qu'il avait droit de prendre sur les héritages qui lui ont été donnés en contre-échange, par le dit seigneur du dit Pomponne, et sur lesquels il avait droit de dixme au lieu de ceux démembrés du dit prieuré en faveur de ceux de M. Simon Arnauld de Pomponne, et qui ont été enfermés dans le parc ainsi qu'il conste... du contrat d'échange du 4 janvier, 1678. — Articles 29 et 30.

8° *Item*. — Un pré sous *le pont du gué de Launay*, contenant quatre arpens, soixante perches, tenant du levant, à la dite voierie, qui sépare le bois du marais du présent, du couchant, aux communs de Pomponne et du nord, au grand chemin de Paris.

9° *Item*. — Une pièce de terre, derrière le parc du dit seigneur, du côté de Chelles, contenant quatorze arpens et demy, tenant du levant, au mur du dit Parc, un sentier entre deux, du midy et du couchant à mon dit seigneur et du nord, à l'allée qui conduit de la porte du dit parc au Gué de Launay.

10° *Item*. — Une pièce de terre en friche sous les *Lizières de* Bordeaux, contenant vingt-sept arpens, cinquante perches, tenant du levant au sieur Mézault, et à mondit seigneur, du midy et du couchant au bois de Delamarre Jumel et des Bouleaux, du dit couchant, à une friche des héritiers du sieur Mézault, du nord, aux dites Lizières de Bordeaux. — L'ancien chemin du Pin à Lagny entr'deux.

11° *Item*. — Une pièce de terre *aux Sablons*, contenant cent huit perches, tenant du levant, à Jacques Thomas, du midy, à la pièce suivante, la voierie *de la Coudraye*, entre-deux, du couchant, à mon dit seigneur, et aux héritiers de Jacques Désouche, et du nord, aux héritiers Nicolas Bourgeois, Philippe Paris et les dits héritiers de Désouches.

12° *Item*. — Cinq arpens de terre audit lieu, faisant hache, tenant du levant, du nord et du couchant, à la dite *voierie de la Coudraye*, anciennement appelée *des Pressoirs*, du dit couchant, au bois de la Coudraye, une autre voierie, entre-deux, et du midy, au Parc de mon dit seigneur, le chemin de Bordeaux à Lagny entre-deux.

13° *Item*. — Une pièce de terre audit lieu, contenant quinze arpens et demy, tenant du levant et du nord, à la *voierie du Corneiller*, du couchant, aux murs du dit parc et du midy, au chemin d'Armoin.

14° *Item*. — Un arpent quatre-vingt-douze perches, et terre au dit lieu, tenant du levant, aux héritiers Jacques Désouches et à Jean Fillion ; du midi, à la pièce précédente, ladite, voisine du Corniller ; entre deux, du couchant, à Philippe Paris et du nord à Denis Fouffé, Maurice Fontaine, le dit Paris et la veuve de Philippe Lemaire.

15° *Item*. — Un quartier de terre au *Neuchaillou*, donné à rente par ledit sieur Prieur à Philippe Lemaire, tenant du levant, à Gabriel Bouchet ; du couchant et du nord, à Nicolas Bourgeois, aboutissant du midy sur Philippe Paris et sur la veuve de Philippe Lemaire.

16° *Item*. — Un quartier de terre audit lieu, donné à rente par ledit sieur Prieur à Henry

Blondel, tenant du levant, à Louis Tiercelin et à mondit Seigneur ; du couchant, à Philippe Paris et à la veuve de Philippe Lemaire ; aboutissant du midy, sur ledit Blondel ; du nord, sur ledit bois de Châalis.

Sur tous lesquels héritages, ledit sieur prieur, observe, que la plus grande partie d'iceux fut déclarée en détail dans la transaction portant fixation du domaine du dit prieuré passé, entre M. Jean Courtin, seigneur du dit Pomponne et messire Pierre Palmier, archevêque de Vienne, et Prieur dudit lieu, le deux mars, mil cinq cent-trente.

Et, à l'égard des héritages portés dans la présente déclaration et qui ne furent point compris dans ladite transaction, ces héritages proviennent de cinq différents échanges qui ont été faits entre les seigneurs et les prieurs de Pomponne, les 22 juin 1627, 7 février 1661, 17 novembre 1665, 4 janvier 1678 et vingt-sept juin mil six cent soixante-dix-neuf, rattifié par messire André d'Apougny, prieur dudit Pomponne, le 1ᵉʳ septembre, mil sept cent vingt-et-un. Et les dittes échanges et actes de rattification homologués par lettres-patentes du mois de décembre, mil sept cent soixante, enregistrées en Parlement, par arrest du vingt-quatre avril, mil sept cent soixante-et-un.

Observe de plus, le dit sieur prieur, que dans les dittes échanges, les héritages abandonnés au dit prieuré, l'ont été pour être tenus exempts de toutes charges, servitudes, la même manière que l'étaient au dimembris du dit prieuré, lesquels avaient été compris dans la ditte transaction de mil cinq cent trente.

17° *Déclare*, ledit sieur prieur, dans le territoire du dit Pomponne: 1° Un terrain de dix arpents, cinquante perches au *chantier du Mouchaillon*, lequel est divisé entre plusieurs propriétaires et dont il en appartient un arpent trente-sept perches à mondit seigneur, duquel il en a été passé ce jourd'hui la déclaration au terrier dudit prieuré; ledit terrain tenant du levant à mon dit seigneur, à Blaise Chumeaux, à Jean Boizard et au chemin d'Armoins; du midy, à Pierre Lacroix, la veuve de François Lallemand, Bernard Gauthier, la veuve de Martin Armandot, et à Pierre Dumesnil ; du couchant et du midy, au moïen d'une hache, au dit Dumesnil, pour trois quartiers de terre faisant partie d'un plus grand corps, dont le surplus est compris dans lesdits dix arpents et demy; dudit midy, à la veuve de Pierre Menu, François Thiercelin, et Gabriel Nardot, Mathieu Nardot, Jean-Baptiste Musel, et à Blaise Lallemant; dudit couchant, à Philippe Paris, dudit couchant et du nord, au moyen d'une seconde hache, à la veuve de Philippe Lemaire ; dudit couchant à Pierre Férot, la veuve Darsu, Guinot, François-Henri Blondel, Philippe Paris, ladite veuve Guinot, Jean-Baptiste Armandot, Jean Armandot et la veuve de Jean Larue, et du nord, à Denis Fouffé.

18° — 2° Quinze arpents cinquante-cinq perches, au *chantier du Grimpet*, divisés aussi entre plusieurs particuliers et desquels il en appartient quatre arpents vingt-six perches à mondit seigneur, enfermés dans son parc et formant la butte dite du Grimpet, qui ont été aussi déclarés au terrier dudit prieuré, lesquels sont séparés du surplus dudit terrain par le chemin de Bordeaux à Lagny; tenant lesdits quinze arpents, cinquante-cinq perches, du levant, à la dame veuve Montcourant et à Philippe Paris; du midy, au grand chemin de Paris, du couchant et du nord, au surplus dudit parc, dudit nord, à la ruelle du Grimpet.

19° — 3° Six arpens trente-trois perches de terre à prendre dans une pièce de mondit seigneur, de onze arpens trente-trois perches, entre la rivière de Marne, et le grand chemin de Paris, tenant les dits six arpens trente-trois perches, du levant, au surplus de la ditte pièce, du midy, à la ditte rivière, du dit midy et du couchant, à une pièce de terre du dit prieuré (*article trois* à la présente), du dit couchant, à la ruelle qui descend à l'arche de Pomponne, à la dite rivière, et du nord, au dit grand chemin.

20° *Item.* Dix perches de terre à prendre dans le parterre du parc du dit Pomponne, à l'endroit de l'arche pour passer du dit parterre à l'allée qui descend à la Rivière et sur lequel terrain qui faisait partie jadis de l'enclos du dit Prieuré, était établie une maison appelée du

Caroussel, qui fut cédée par les prédécesseurs du dit sieur Prieur, à Charles Bourgeois, par Contract du six aoust 1675. Lequel fit sa déclaration, en faveur de messire Simon Arnauld de Pomponne, le dit jour, par acte passé devant Thibet et Tallois, notaires à Paris.

21° *Item*. Un arpent, un quartier de terre, sur la rivière de Marne, possédé actuellement par l'hôpital de Lagny, tenant, du levant, au sieur Denis, du midy, à Jean-Jacques Laplace, du couchant, à Pierre Gauthier et Pierre Blondel, et du nord, à Bernard Gauthier et Pierre Potier.

22° *Item*. Deux maisons, cours, jardin dans Pomponne, qui formaient jadis l'hôtel des Maillets, dont la plus grande partie appartient aujourd'hui au sieur Denis, où il prend pour enseigne : *le chef Saint-Denis* et le surplus aux héritiers de François Tonnelet, tenant l'entier corps du midy et du levant, à l'Enclos du dit prieuré, du couchant et du nord à la rue du grand chemin de Paris. Tous lesquels héritages en censive furent reconnus de la censive du dit prieuré, par messire Nicolas de Hacqueville, seigneur du dit Pomponne, dans la transaction qui fut passée entre luy et les prédécesseurs du dit sieur prieur, le vingt décembre, mil six cent quatre-vingt-huit, devant Motelet et Fournier, notaires à Paris, et tous les dits objets en censive y furent déclarés, aux articles premier, second, cinquième, septième et onzième.

Déclare le dit sieur prieur, qu'il ne connaît dans le territoire de Pomponne aucun autre objet qui dépend du dit fief de *Saint-Pierre*, et que les héritages, compris dans le présent acte, forment le tableau exact de la consistance du dit fief en domaine et en censive dans le territoire du dit Pomponne, sans le préjudice néanmoins aux parties du dit fief situées dans d'autres territoires, et sans que la présente déclaration puisse nuire ni préjudicier aux droits du dit pricuré, ni entraîner aucun *droit de vassalité en faveur des seigneurs de Pomponne, la présente n'aïant été faite, ainsy qu'il a été cy-devant dit, que pour constater l'étendue et l'emplacement du dit fief dans le dit territoire et pour prévenir toute discussion qui aurait pu s'élever dans la suite à ce sujet.*

Avant de clore l'histoire du prieuré, il nous reste à rapporter chronologiquement les faits, les actes intéressants qui s'y rapportent, directement ou indirectement, mais dont nous n'avons pu, à notre grand regret et malgré nos recherches, nous procurer la suite logique et les détails explicatifs.

Mai 1249. — Guillaume, XXVII, abbé de Lagny, par un acte, dont nous publions ci-après la reconnaissance et l'acceptation, donne à Améric, abbé de Saint-Martin-aux-Bois, et à ses successeurs, supérieurs des prieurs de Pomponne, avec leurs droits de pêche, les moulins de Hupigny, situés tout près du prieuré de Pomponne, pour la somme de cinquante sols par an et sous la condition de ne jamais en disposer.

« Ces moulins, — dit M. Le Paire, dans ses *Annales*, — étaient placés sur le lit principal de la rivière — et non loin du Pré-Long. » — De là, en effet, lorsque les eaux sont très basses, on aperçoit encore, à certains jours, des restes de la digue des moulins de Pomponne.

De Molendinis de Hupigniaco et de dovrio prioratu Pomponie.

« Omnibus presentes litteras inspecturis,
» Hamericus, Dei permissione, abbas ecclesiæ
» Sancti Martini Ruricurtensis, totiusque ejus-
» dem loci conventus salutem in Domino.
» Votum facimus, quod nos debimus et pro-
» mittimus reddere annuatim, in crastino
» Sancti Remigii, ecclesiæ sancti Petri Lati-
» gniacentis quinquaginta solidos, primum
» pro eo quod Abbas et Conventus dicte eccle-
» siæ Latigniacentis, nobis dederunt et in
» perpetuum concesserunt, quidquid juris
» habebant et habere proterant in loco illo et
» aqua illa qui et que molendina de Hupi-
» gniaco, vulgariter appelluntur et etiam in

» piscatura quam annuatim habebant in do-
» vrio nostro sito, justa Prioratum nostrum de
» Pompona, prout in litteris secum et abbatis
» et conventus nobis traditis plenius conti-
» netur et eo, quibus quinquaginta solidis
» eisdem, ut dictum est, integré per solven-
» dis obligavimus et ad huc obligamus, prœ-
» dictu abbati et conventui, quidquid habemus
» in juridictione dicto conventui; promit-
» tentes etiam in verbo veritatis et Sacerdocii,
» quod lacum et aquam illam de Hupigniaco,
» extrà manum nostram, non ponemus, nec
» alicui concedemus perpetuitatem, nec ibi-
» dem molendinis aliquo tempore faciemus,
» nec ab aliquo alio fieri promittamus.

» In cujus rei testimonium, presentes litte-
» ras, sigillorum nostrorum munivisse robo-
» ravimus.

» Actum, anno Domini, millesimo CC°XL°
» neuf. Mayo. »

« Collation a esté faite sur le cartulaire de
» la dicte église d'ancienne escripture.

» Cartulaire de Lagny, f° 75, v°. »

10 *Septembre* 1603 (1). — Le Frère Roussel, prêtre, chanoine régulier de l'Ordre de Saint-Augustin, sur la présentation de l'abbé de Saint-Martin-aux-Bois, obtient de l'évêque de Paris provision du prieuré-cure de Pomponne.

31 *Octobre* 1603. — Le Frère Denis de Lagre, religieux profès du monastère de Saint-Quentin, proche Beauvais, obtient ledit bénéfice de Pomponne, ainsi désigné dans l'acte : *Prioratus-Cureti Sancti Petri de Pompona,* alias *Sanctæ Veronicæ.*

29 *Novembre* 1614. — Résignation, par Denis de Lagre, en faveur du Frère de Bernet, chanoine régulier de Saint-Martin-aux-Bois.

1617. — Résignation, par Frère de Bernet, en faveur des Jésuites du collège d'Amiens.

1617. — Lorsque le Pape réunit le prieuré-cure de Pomponne au collège des Jésuites d'Amiens, par une bulle en date du 9 des calendes de décembre 1617 (2), il institua, pour être chargé du soin des âmes, dire les offices,

(1) Archives nat., sect. hist. M. 152.
(2) Copie de cette bulle se trouve aux Archives nationales, sect. hist. M. 152.

administrer les sacrements, un vicaire perpétuel, prêtre séculier. L'ordinaire (*episcopus ordinarius*) était autorisé par le Pape à désigner, « *ad congruam futuri vicarii sustentationem* », une partie des biens du prieuré, d'une valeur d'au moins 50 ducats d'or. — L'*Official* de Paris, en publiant, le 5 avril 1618, la bulle du souverain pontife, appelle le bénéfice dont il s'agit : *Prioratus sanctorum Petri et Pauli Veronicæ oppidi, seu loci de Pompona*. Le 11 avril, il fait lire au prône de la messe paroissiale le procès-verbal de fulmination et fixe à 500 francs le traitement du vicaire perpétuel.

16 Mai 1658. — Jean-Baptiste Decoster, vicaire général du cardinal de Retz, confère l'église paroissiale Saint-Pierre de Pomponne (sans mention du prieuré), vacante par la démission *(resignatio)* de M⁰ Prétalice, à Jean d'Imber, chapelain de la chapelle ainsi qualifiée : *Sancti Ludovici Castri Beauquesne, Diœcesiæ Imbianensiæ* (1).

---

(1) Arch. nat., sect. hist. L. 496, n° 93.

17 *Août* 1662. — Pierre Surgis, clerc tonsuré, né le 30 novembre 1641, obtient de la cour de Rome provision « du prieuré simple de Pomponne (1).

31 *Août* 1663. — Résignation par ledit P. Surgis, « *prieur commendataire du prieuré de Pomponne* », de ce bénéfice, au sieur abbé de Bellebat, à charge de 500 livres de pension viagère.

30 juin 1665. — *Le sieur de Caumartin rapporteur* (2).

Entre M⁰ Pierre Surgis, clerc du diocèze de Paris, soy disant prieur commandataire du prieuré de Pomponne, ordre des chanoines de l'ordre de Saint-Augustin au dict diocèze demandeur au principal, aux fins de la commission par luy obtenue du prévost de Paris, le premier décembre 1662, retenu au conseil par arrest du XVIII juillet 1668, et deffendeur d'une part.

Et les recteur et religieux du collège de la

(1) Arch. nat., section hist. M. 152.
(2) Arch. nat. V⁰ 499.

compagnie de Jésus, estably à Amyens deffendeurs et demandeurs en requeste par eux présentée au conseil, suivant l'arrest intervenu sur icelle, le six mars 1663, d'autre part.

Sans que les qualitez puissent nuire ny préjudicier aux parties.

Veu au conseil du roy lad. commission du prévost de Paris, obtenue par led. Surgis led. jour premier décembre 1662, aux fins de faire assigner lesd. pères jésuites pour veoir dire que led. Surgis serait maintenu et gardé en la possession dud. prieuré avec restitution des fruictz, despens, domages et interestz, exploict d'assignation, deffault et assignation sur iceluy, donnez en conséquence ausd. pères jésuites à comparoir au Châtelet de Paris des neuf décembre 1662, quinze et dix-sept février, copie des provisions du dict prieuré de Pomponne obtenues en cour de Rome par led. Surgis du XVII aoust 1662, acte de prise de possession dudict prieuré par led. Surgis du XXX novembre aud. an, copie de bulle d'union du dict prieuré de Pomponne aud. collège d'Amyens, du neuf décembre 1617, procès verbal de fulmination de lad. bulle, du cinq avril 1618, acte de prise de possession desd. pères jésuites dud. prieuré du VIII desd. mois et an, actes de consentements des abbé et religieux de Saint-Martin-aux-Bois, des XIIII aoust et XX mars 1618, imprimé de lettres patentes accordées par le feu roy et Sa Majesté aux pères jésuites de ce royaume, les XIII décembre 1633 et XI mai 1655, portans évocquation généralle et rétention au conseil de tous les différends concernans les unions de bénéfices aux maisons et collèges desd. pères jésuites, circonstances et dépendances pour y estre diffinitivement jugez et terminez avec déffenses à tous autres juges d'en connoistre; arrest du conseil du VIII juillet 1662 rendu, entre les pères jésuites du collège de Rouen auquel est uny le collège des deux amants d'une part, et M⁰ Louis-Charles-Nicolas Richomme et autres y desnommez d'autre, par lequel Sa Majesté auroit retenu à soy et à son d. conseil la connoissance du différend d'entre lesd. parties, lesquelles adjousteroient à leurs productions tout ce que bon leur sembleroit, pour leur estre faict droict, exploict d'assignation donnée à de Vaucelle sergent, à la requeste desd. pères jésuites, le XII décembre aud. an 1662 à comparoir par devant le bailly d'Amyens pour se veoir condemner en l'amande de cinquante livres, pour avoir donné assignation ausd. pères jésuites à la requeste dud. Surgis, sans aucune attache ny esletion de domicille et, à rapporter l'exploict original à quoy faire il serait contrainct par corps et condemné aux despens, ledict arrest du conseil dud. jour VI° mars 1663 rendu sur la requeste desd. pères jésuites, tendante à ce qu'il plust à Sa Majesté, conformément ausd. lettres patentes desd. jours XIII décembre 1633 et XI may 1665 évocquer au dict conseil la demande et compleinte faicte par led. Surgis pour raison dudict prieuré de Pomponne et faisant droict sur le principal, deboutter ledict Surgis de sa demande et le condemner aux despens, domages et interestz et en l'amande, attendu sa qualité de dévolutaire, sur quoy auroit esté ordonné, qu'aux fins de lad. requeste, led. Surgis seroit assigné au conseil à quinzaine et cependant déffenses de faire aucunes poursuittes aud. Châtelet de Paris et audict prévost ou ses lieutenans d'en connoistre, exploict de signification dud. arrest aud. Surgis et assignation à luy donnée aud. conseil en conséquence des VIII et XVII mars, audict an 1663, appointement de règlement à communiquer, escrire et produire sur lad. requeste et procès verbal sur la réception d'iceluy, rendu entre les parties, le VI avril aud. an, par lequel procès verbal, Nicolas de la Villette, juré porteur de grains ès portz et places de cette ville de Paris et M⁰ Guillaume Dupuys, conseiller du Roy, receveur général des amandes et confiscations adjugées à Sa Majesté, par son grand conseil auroient esté recens : scavoir led. La Villette pour caution dud. Surgis jusques à la concurrence de la somme de trois cens livres et led. Dupuys pour certificateur et en conséquence que led. appointement de reiglement seroit signé, escritures et productions, respectivement faictes au conseil par lesd. parties en exécution dud. appointement de règlement, requeste dudict Surgis d'addition des lettres de relief d'appel, comme d'abus de la susd. bulle présentée aud. conseil, le douze juillet aud. an 1663, lesd. lettres de relief d'appel du XI du mesme mois, arrest du conseil, rendu entre lesd. parties le XVIII desd. mois et au signifié le XXVI du mesme mois par lequel, Sa Majesté auroit retenu alors à son d. conseil la connoissance du différend desd. parties, lesquelles adjousteroient leurs productions, escriroient et produiroient tout ce que bon leur sembleroit, dans trois jours pour leur estre faict droict, acte de déclaration signifié à la requeste desd. pères jésuites le XXXI desd. mois et an que pour satisfaire aud. arrest ilz employent ce qu'ilz ont escrit et produict en l'instance, lettres de tonsure accordées audict Surgis, par les grands vicaires de l'archevesché de Paris, du XXI may 1660, provisions dudict prieuré de Pomponne obtenues en cour de Rome, par led. Surgis le XVI des kalendes du mois de septembre, 1662 ; au dos est l'acte d'insinuation du XX décembre aud. an, acte de prise de possession dud. prieuré par led. Surgis du XXX novembre 1662, en marge duquel acte est l'insinuation d'iceluy au greffe des insinuations ecclésiastiques du dioceze de Paris du XXII décembre, audict an 1662, addition de production faicte au conseil par led. Surgis suivant ledict arrest de retention, et tout ce que par les parties a esté mis et produict par devers le sieur de Caumartin, conseiller de Sa Majesté en ses conseils, M⁰ des requestes ordinaire de son hostel, commissaire à ce deputté, quy en a communicqué aux sieurs de Morangis et autres conseillers, ouy son rapport et tout considéré.

Le Roy en son Conseil, faisant droit sur l'instance sur la demande dud. Surgis afin d'estre maintenu en la pocession et jouissance dud. prieuré de Pomponne, a mis et met les parties hors de cour et de procès sans despens.

SÉGOIER. — DE CAUMARTIN.

Raporté du XXX juin 1665, à Paris.

Arrest de règlement pour l'église du Prieuré de Pomponne (1).

Louis, par la grâce de Dieu, roi de France et

(1) 17 décembre 1669.

de Navarre, salut ; savoir faisons, qu'entre Claude Lemaire et Jean Seillier vignerons, syndic et procureur des habitants de la paroisse de Pomponne, près Lagny-sur-Marne. Demandeurs en Requeste présentée à la cour le vingt-neuf juillet, 1669, tendante à ce que la sentence arbitrale rendue entre les parties, par Maistre François Pinson, Louis Dubois et Jacques Abraham, anciens advocats en la cour, arbitres convenus entre les dites parties de leurs différends, le sixième juin dernier, seroit omologuée pour estre exécutée selon la forme et teneur, et, en cas de contestations, les dits Défendeurs condamnez aux dépens, d'une part, et les pères Jésuites du Collège d'Amiens, auquel est annexé le prieuré de Pomponne, et Maistre Jean d'Imbert, Prestre, curé dudi lieu, défendeurs, d'autre, sans que les qualitez puissent préjudicier de laquelle sentence la teneur ensuit : Vu par nous, François Pinson, Louis Dubois et Jacques Abraham, advocats au Parlement, le Compromis passé par devant Gallois et Simonnet, notaires au Chastelet de Paris, le onzième avril 1669, entre Maistre

François Bizot, aumônier et prédicateur ordinaire du Roy, administrateur du prieuré de Pomponne, au nom et comme procureur des Pères Mathieu du Hamel Prestre, recteur de la Compagnie de Jésus au collège d'Amiens et Charles Chastelet, aussi prestre religieux et procureur dudit collège d'une part, et maistre Jean d'Imbert, prêtre curé dudit Pomponne, d'autre part, et Claude Lemère, et Jean Selier Vignerons, syndic et procureur des habitants dudit lieu de Pomponne, d'une autre part, par lequel, pour terminer le procez pendant entre les parties, au Parlement de Paris, au rapport de monsieur Tambonneau, pour raison des droits, devoirs, du dit prieuré de Pomponne, cure dont le sieur d'Imbert est pourvu, paroisse du dit Pomponne et prétentions, demandes et déffences respectives des dits Pères Jésuites ; sieur curé et habitants ont convenu de nous, pour arbitres, pour, par nous, rendre dans quatre mois, une ou plusieurs sentences, avec pouvoir de proroger encore de deux autres mois sous la peine de cinq cents livres, avec élection de domicile, et autres clauses et conditions portées par le dit compromis; autre acte du dernier may dernier, par lequel les Parties, en adjontant au compromis, se sont encore soumis au jugement de nous arbitres pour terminer toutes les demandes que les parties, ont faites, se pourront faire respectivement, tant pour régler la nef, chœur, chapelles et clocher de ladite église qu'autres sans exception, dans le temps porté au dit compromis et sous la mesme peine et élection de domicille, avec pouvoir à nous arbitres, de prononcer sur les dépens, soit de les remettre, modérer et liquider, ainsi que nous trouverons à propos. — Procez-verbal fait par devant Mr Tambonneau, le seize juillet 1666, en exécution de l'arrest du vingt-un Mars 1665 contenant les demandes du dit Imbert, défences des dits Pères Jésuites et contestations des parties. — Le dit arrest du vingt-un mars 1665, commission des Pères Jésuites, obtenue en Chancellerie le vingt-cinq may 1667, cet exploit fait en conséquence le trente-un du dit mois et aux déffences du dit d'Imbert, du vingt-huit février 1668, contenant ses demandes incidentes. — Requeste du dit d'Imbert présentée au Bailly de Pomponne, le 6 juin 1667, requestes des Pères Jésuites du vingt-un février 1668, signifiée le vingt-deux, sentence du Prévost de Paris, le vingt-deux février, au dit an 1668. Requeste des Pères Jésuites du onzième avril 1668, ordonnance du Prévost de Paris du huitième février 1668, et sentence du vingt-quatrième mars en suivant ; demandes des dits procureurs, syndic et habitants de Pomponne, formée au Chastelet les dix-sept mars et vingt-sept avril 1668. Requeste à nous présentée par les dits Pères Jésuites, le vingt-neuf may 1669. Requeste à nous présentée par le dit d'Imbert les mêmes jours et an. Autre requeste à nous présentée par le dit d'Imbert, le trente-un des dits mois et an. Productions, pièces, mémoires, instructions des dites parties, et ouy le dit sieur Bizot, le dit sieur Imbert et le dit Sellier procureur et syndic. Tout considéré et diligemment examiné, nous disons, en faisant droit sur la demande dudit d'Imbert, portée par le dit procèe-verbal de contestations du seize juillet 1666 à ce que l'arrest du vingt-un mars 1665 soit exécuté ; et ce faisant, qu'il soit maintenu en la possession des dixmes et novalles à prendre sur les terres de la *Bégueterie*, joignant la rivière de Marne, contenues au douzième article de la déclaration du dit d'Imbert sur autres sises *au ru courant*, joignant le chemin de Ver, et sur celles appelées la *Cour Saint-Ladre* ; ce faisant, les dits Pères Jésuites condamnéz rendre et restituer les dits dixmes et novalles qu'ils ont prises et perçues au préjudice de la demande du dit d'Imbert, de l'année 1659, à raison de cent livres par an, ou l'estimation par expers. Ensemble sur la requeste du dit d'Imbert, du vingt-neuvième may, 1669, au premier et second chef, à ce que les dits Pères Jésuites fussent condamnéz lui restituer les dixmes, novalles, qu'ils avaient perçues, depuis l'année 1659, qu'elles ont été demandées par le dit curé et à lui adjugées par l'official de Paris, par sentence du vingt-trois avril de la mesme année, icelle année y comprise jusqu'au jour de l'arrest qui le maintient en la possession d'icelles et à à raison de cent livres par chacun an, ou suivant l'estimation qui en sera faite par expers ; en second lieu, afin d'estre maintenu et gardé au droit qu'il a, de prendre et percevoir les dixmes, novalles, sur les terres en contestation, appelées de la Bégueterie, celles du *Rû courant et* la *Cour Saint-Ladre* mentionnées aux douze, quatorze et dix-sept articles de la déclaration du vingt-neuf avril, 1665, qu'il a fournies en exécution de l'arrest qui lui adjuge les dites novalles ; vu les déclarations du dit d'Imbert, des vingt-neuf avril, dix-neuf juin et vingt-quatre juillet, 1665 l'acte signifié par les Pères Jésuites, le vingtième juin et la requeste conforme du onzième juillet du dit an. Disons que l'arrest du vingt-un mars 1665 sera exécuté. Ce faisant, le dit d'Imbert maintenu et gardé en la possession des dixmes, novalles, sur les terres accordées par les Pères Jésuites, par les dits actes du vingt juin, et requeste du onze juillet, 1665. Mesme sur les terres de la *Bègueterie*, sur celles scizes au *Rû courant*, terres du domaine du prieuré, et sur celles appelées la *Cour Saint-Ladre*. Les dits Pères Jésuites condamnez à rendre et restituer les fermes de tous les dits dixmes, novalles qu'ils ont perçues sur les terres de la Bègueterie et sur celles situées au Ru courant, depuis et compris l'année mil six cent soixante cinq, et ce, à raison de vingt-quatre livres par chacun an, pour les années qu'elles auront été cultivées, si mieux n'ayment les Pères Jésuites l'estimation du dire d'expers dont les parties conviendront, autrement en sera nommé d'office, lesquels expers, feront le serment par devant le prévost de Paris, et feront les dits Pères Jésuites l'obtion dans un mois, autrement déchues et sur le surplus, mettons les parties hors de cour.

Sur la demande incidente du dit d'Imbert, portée par ses défenses du vingt-huitième février 1668, ensemble sur le troisième chef de la dite requeste du vingt-neuf may, mil six cent soixante-neuf, à ce que les Pères Jésuites soient tenus de laisser au curé la jouissance des greniers qui sont au-dessus des chambres du presbytère de Pomponne pour y serrer les dixmes, novalles, si mieux n'ayment y faire bastir au dit presbytère une grange;

disons que les dits Jésuites délaisseront au dit d'Imbert les greniers qui sont au-dessus du logement par luy occupé et dans l'estendue d'iceluy, et sur le surplus, mettons les parties hors de cour et de procès.

Sur le quatrième et dernier chef de la dite requeste, du vingt-neuf may, 1669, à ce que les Pères Jésuites fussent tenus de fournir le pain et vin des messes et choses contenues dans la demande pour le service divin. — Vu la sentence de l'official de Paris, du dixième janvier, 1619. — Disons que les parties sont mises hors de cour et de procès, et pour le surplus, concernant les choses pour le service divin sera fait droit sur la demande des habitants, du trente-un mai 1669, à ce que la somme de cinquante livres, qu'il a avancée pour les vitres, lui soit rendue par les pères Jésuites. — Vu le procez-verbal du doyen rural, du quatorze janvier, 1665, Sentence de l'official du vingt-deux avril, et la quittance d'Estienne Conver, vitrier, du trois may, 1665. — Disons que les dits Pères Jésuites rembourseront le dit d'Imbert de la dite somme de cinquante livres sur la demande des dits Pères Jésuites, portés par la Commission du vingt-cinq may, 1667 — Exploit des trente-un des dits mois et an. — Ensemble sur la resqueste du vingt-neuf mai 1669, à l'égard du premier chef, de la dite commission à ce que l'arrest du vingt un mars 1665 soit exécuté. — Ce faisant, le dit d'Imbert condamné satisfaire à toutes les clauses et charges de la sentence de l'official de Paris, du dixième janvier, 1619, et la dite requeste du vingt-neuf may, 1669, tendante à ce qu'acte leur soit donné, de ce que pour l'établissement de leurs demandes contre le dit d'Imbert et paroissiens ils employent non seulement le contenu en la dite commission du vingt may 1665; mais encore la réduction qu'ils font de leurs demandes à quinze chefs portés par la dite requeste. Disons que les dits arrêts, du vingt-un mai 1665 et sentence du dix janvier 1619, seront exécutés, ainsi qu'il sera ci-après déclaré, savoir : sur le chef de ladite commission à ce que les dits Jésuites soient maintenus en tous droits honorifiques et avoir la première place dans le chœur et au droit d'officier aux jours nataux et fêtes solennelles et sur le premier chef de ladite requeste, à ce qu'en exécution de la fondation, le dit d'Imbert, ait à reconnaître les Pères Jésuites du Collège d'Amiens, pour ses patrons, présentateurs et curez primitifs, leur rendre les devoirs que les vicaires perpétuels rendent aux communautez religieuses qui ont les droits de curé primitif, ne prendre à leur égard autre qualité que celle de vicaire perpétuel. Disons que ledit d'Imbert ne pourra prendre autre qualité que celle de vicaire perpétuel à l'égard des dits Pères Jésuites, prieurs, patrons et présentateurs, et quand ils viendront en ladite église de Pomponne, ledit vicaire perpétuel sera tenu de donner la première place honorable à l'un des dits Pères Jésuites, qui sera prestre, et au surplus, mettons les parties hors de cour.

Sur le second chef, à ce que le dit d'Imbert ait à restituer au public une ruelle ci-devant ouverte par les deux bouts, par laquelle on alloit du chasteau et des maisons voisines, par derrière le chœur de l'église aux fontaines de

Saint-Pierre et de Sainte-Véronique. Disons que les parties sont mises hors de cour et de procès :

Sur le troisième chef, à ce que ledit d'Imbert ait à restituer à la paroisse le lieu appelé le *thrésor* de Sainte-Véronique, qu'il en ouvre la porte et restablisse la montée par laquelle on y alloit, comme aussi ladite chapelle, le lembris et l'autel. Disons que les parties sont mises hors de cours et de procès, à la charge que le *Chef de sainte Véronique* qui sera en lieu décent et fermé, tel qu'il sera jugé convenable par l'archidiacre en faisant sa visite. Sur le chef de ladite commission à ce que ledit d'Imbert ait à restablir et de laisser tous les lieux qu'il a usurpez, tant en l'église que du domaine dudit prieuré, au delà de ceux qui sont ordonnez par ladite sentence, pour sa demeure et jouissance, et les quatre, cinq et six chefs de ladite requeste, à ce que ledit d'Imbert se contente, pour son logement, d'une chambre haute et d'une basse, et d'un eschalier qui conduise de l'une à l'autre ; qu'il restitue à ses prieurs, curés primitifs, les autres chambres et bourges, et notamment celle dont il a fait un colombier à deux fenestres et issues, dont il luy sera défendu d'user à l'avenir, et que, vis-à-vis les susdites chambres, sera mesuré et pris un demy arpens de terre pour lui servir de jardin, le reste demeurant au prieur comme aussi la sausaye, qu'il a planté sur la chaussée du premier étang appartenant auxdits prieurs, avec restitution du fruit en couppe. — Disons que le logement et le jardin dont ledit d'Imbert, vicaire perpétuel, est en possession, luy demeurera en l'état qu'il est, à la charge par ledit vicaire perpétuel, de faire les réparations d'entretenement.

Sur le septième chef, à ce que ledit d'Imbert acquitte à la charge des Pères jésuites, les messes et services des Obits et des fondations, principalement, les deux messes qu'il est obligé de dire ou faire dire les dimanches et festes, comme aussi une messe haute et les vespres, les samedys ; vue ladite sentence du dixième janvier 1619. — Disons que le vicaire perpétuel acquitera les messes et offices des

Obits et fondations, mesme les deux messes, les dimanches et fêtes et autres services ordinaires, tant des dimanches et festes que samedys et veilles.

Sur le huitième chef, qu'à la décharge des mêmes jésuites, ledit d'Imbert administre à ses paroissiens le pain de la parolle de Dieu, ou, en cas qu'il ne veuille ou puisse prêcher, du moins, il enseigne la doctrine chrestienne et fasse aux petits enfants une instruction familière les dimanches. — Disons que ledit vicaire fera les prônes et instructions conformément au rituel de Paris.

Sur les neuf et dixième chefs, à ce que ledit Imbert, acquite les charges ordinaires et locales de la paroisse, ou qu'il consente qu'elles soient acquittées par des marguilliers establis pour fermer et ouvrir les portes, ballier l'église, blanchir le linge, sonner les cloches, garder les ornements d'autel, en respondre et entretenir une lampe, et qu'en cas qu'il refuse de faire ces choses, il consente que les questes et offrandes, et tronc du chœur et de la nef, reviennent au profit de l'œuvre, fabrique et Marguilliers, qui seront établis, et, sur le chef de ladite commission, à ce qu'il soit procédé à l'élection des Marguilliers de ladite œuvre et fabrique. — Disons qu'il sera fait droit en prononçant sur les demandes des habitants.

Sur le onzième chef, à ce que ledit d'Imbert estant logé comme il est, dans l'enclos du prieuré, il reconnaisse les officiers et la justice, que les prieurs y ont établis. — Disons qu'il reconnaîtra la justice du lieu, sans préjudice de ses privilèges.

Sur le douzième chef, à ce qu'il restitue aux jésuites toute la somme qu'il a contraint le fermier du prieuré de luy payer, pour faire son four et son fournil, avec tous les dépens, dommages et intérests. — Disons que les parties sont mises hors de cour, et néanmoins ledit d'Imbert sera tenu d'entretenir ledit four et fournil.

Sur le treizième chef, à ce qu'il soit débouté des demandes inciviles et extravagantes qu'il a faites d'un grenier, grange, buffets, armoires, chaises, cabinets, logements. — Disons qu'il a esté fait droits, jugeant les demandes dudit d'Imbert

Sur le quatorzième chef, à ce qu'il soit condamné en tous les dépens, dommages et intérêts de l'Instance et de celles qui ont en quelques connexités. — Disons qu'il y sera fait droit, en prononçant sur les dépens.

Sur le quinzième chef, à ce que dit le vicaire perpétuel, à raison des novales à luy attribuées, estant devenu gros décimateur, conjointement avec ses curés primitifs, soit obligé d'entrer *prorata*, dans une partie des despenses à faire pour les décimes et pour les charges et réparations du chœur, et ce qu'ils en ont expliqué par les demandes et défenses, estant au procès et par ladite requeste. — Disons que les parties sont mises hors de cour.

Sur le dernier chef, à ce qu'il soit fait droit sur tous lesdits chefs de demandes principales et pendantes à la cour, dont l'exécution a esté demandée. — Ensemble sur les appellations, et régler les parties sur le tout ; — Disons qu'il y est fait droit. — Sur la requeste desdits Pères jésuites, du vingt-un février, 1668, et appel par eux interjetté de la sentence du vingt-deux février, mil six cent soixante-huit. — Mettons les parties hors de cour et de procez et néantmoins que le vicaire perpétuel fera les réparations d'entretenement. — Sur l'appel de l'ordonnance du huitième février et sentence du Chastelet du vingt-quatrième mars 1668. — Disons que les parties sont mises hors de cour et faisant droit, sur la requeste dudit d'Imbert, présentée au Bailly de Pomponne, le sixième juin 1667, à ce que les jésuites soient contraints, par provision, au payement de la somme de trois cents livres, pour estre employée en achapt d'ornements et réparations, et de tout ce qui est mentionné par ladite requeste, mesme de fournir le logement à ceux qui serviront ladite église, comme clerc et maistre d'eschole, ce faisant payer les loyers de la maison qu'il a convenu louer à Charles de Castel qui fait lesdites charges, a permis de saisir ès-mains des fermiers en redevables dudit pricuré.

Demande desdits habitants du dix-septième mars, 1668, à ce qu'ils soient reçus à prendre le fait et cause dudit d'Imbert, et que les jésuites seront condamnez, comme gros décimateurs, à fournir les ornements nécessaires à l'église pour faire le service divin, mettre des cordes aux cloches, entretenir une lampe devant le Saint-Sacrement, faire fermer l'église.

Autre demande du 17 avril, au dit an 1668 ; à ce que les Jésuites exécutent les sentences et arrest des 14 juillet 1500, deuxième décembre 1506 et septième janvier 1511. Ce faisant, qu'ils soient tenus de faire fermer les portes de l'église, chœur, sacristie et chapelle d'icelle, fournir les choses nécessaires pour faire décemment le service divin, achèteront un tabernacle, remettront et entretiendront la lampe, les cordes *des cloches*, les réparations, et restabliront la maison du maistre d'eschole, et que la saisie faite es mains du fermier tiendra requeste des dits habitans du 28 may 1669, à ce qu'en jugeant l'instance d'entre les Pères Jésuites et le curé et les demandes desdits habitants, qui y ont esté jointes par arrest, il soit ordonné que les dits Pères Jésuites fourniront tous les ornements nécessaires à faire le service divin, remettront des cordes aux choches, restabliront la lampe pour y luire nuit et jour, ainsi qu'elle estoit, avant qu'ils en eussent vendu le fonds, feront fermer l'église, restablir la maison du maistre d'eschole et chantre servant à l'église, satisferont à toutes les charges de fabrique et de marguillerie, si mieux n'ayment abandonner un fonds à une fabrique de la somme de deux cents livres de rente, et généralement, feront toutes les choses nécessaires à ce que le service divin soit fait et continue, dans la dite paroisse, suivant les sentences et arrests des années 1500, 1506 et 1511, donnez en l'officialité de Paris, en celle de Sens, au Châtelet et au Parlement, avec dépens. Ensemble sur le chef de la commission des Jésuites du vingt-cinq mai 1667, pour estre procédé à l'eslection des marguilliers et sur le neuf et dixième chef, de leur requeste, du vingt-neuf mai, 1669. Disons qu'il sera fait un fonds pour l'OEuvre et fabrique de la dite église de Pomponne, auxquels les dits Pères Jésuites prieurs, qui jouissent des fonds et revenus des fondations, contribueront de la somme de quarante livres par chacun an, à la délivrance de laquelle les fermiers du dit prieuré seront contraints, quoy faisant, ils en demeureront bien et valablement déchargés sur le prix de leurs bans, et à laquelle OEuvre et fabrique seront aussi affectez, savoir : la tonture de l'herbe du cimetière, celle des saules et autres arbres qui ont été plantés hors et au long du Jardin du presbytère, les questes qui se feront à l'église à cette fin, les droits et reconnaissances qui seront donnés par les paroissiens, pour l'ouverture de la fosse et ceux qui seront enterrés dans l'église, et pour avoir droit de chapelles ou des bans en icelle. Ensemble, les autres contributions ou fondations que les dits paroissiens et habitants voudront faire pour l'entretien de la dite fabrique, mesme qu'il sera mis un tronc pour recevoir les aumônes pour icelle fabrique, lequel fonds et revenu sera mis entre les mains d'un marguillier, qui sera élu par chacun an, par les habitants, en la mesme assemblée en laquelle se fera l'élection du procureur-syndic, pour, par le dit marguillier, en rendre compte aussi par chacun an, suivant l'usage des autres paroisses, lequel marguillier aura soin de blanchir le linge, ballier l'église, parer les autels, ouvrir et fermer les portes, sonner les cloches et généralement aura soin de toutes les choses et fera toutes les fonctions qui ont accoustumé d'être faites dans les autres paroisses du mesme doyenné ; se chargera des ornements de l'église qui seront mis dans la sacristie qui est à présent, ou autre lieu seur et fermé, suivant qu'il sera réglé aussi par le dit archidiacre à sa visite, comme pareillement les dits Pères Jésuites seront tenus de faire refaire le tabernacle et de faire restablir et entretenir à leurs frais la lampe pour luire nuit et jour devant le Saint-Sacrement ; feront toutes les réparations du chœur, lequel ils tiendront couvert, clos et fermé et en bon estat, contribueront pour les deux tiers aux réparations et entretenement du clocher et cordes des cloches, et les habitants pour l'autre tiers ; le luminaire, pain et vin pour le service divin demeurera à la charge du vicaire perpétuel, conformément à la sentence du 10 janvier, 1619 et permis aux habitans de faire fermer ou murer la porte qui va de l'église dans le cloistre si bon leur semble, à leurs frais, et sur le surplus, les parties sont mises hors de cour et de procez, tous les despens compensez. — Fait et prononcé auxdites parties aux domicilles par elles élus et à elles les pièces rendues, le sixième jour de juin, 1669. — Signé : Abraham, Dubois et Pinson. — Après que Lécoché pour les demandeurs et Chassepot, procureur dudit d'Imbert, ont esté ouys et que leur huissier a rapporté avoir appellé les Pères Jésuites d'Amiens et Percheron leur procureur, notre dite cour a omologué et omologue la sentence arbitrale dont est question, pour estre exécutée selon la forme et teneur, a donné défaut et pour le proffit, déclaré l'arrest commun avec les détailles et les a condamnés aux dépens. Si mandons au premier, nostre huissier ou sergent sur ce requis, mettre le présent arrest et sentence à exécution selon leur forme et teneur ; de ce faire, te donnons pouvoir. —

Donné à Paris, en notre dite cour du Parlement, le dix-septième décembre, 1669 et de nostre règne le vingt-septième. Signé par la Chambre, du Tillet et scellé.

Le sixième janvier 1670, fut le présent signifié et baillé copie à Maistre Chassepot et Percheron, procureur.

Signé : VERNE.

Collationné à l'original par mon conseiller et secrétaire du roy, maison, couronne de France et de ses finances.

. . . .

Août 1678. — Par lettres-patentes, signées de la main même du roi, il est ordonné exécution d'une bulle du Souverain Pontife, que l'abbaye de Saint-Martin-aux-Bois, soit, sur la résignation qu'en avait faite Louis-Hercule de Ventadour, évêque de Mirepoix, unie au collège de Clermont, tenu par les Jésuites, à Paris (1).

(1) Ceci explique comment on en est arrivé à la situation réglée par l'arrêt de 1770, que nous publions plus loin.

19 décembre 1695. — Provision accordée par le Sr archevêque de Paris à Julien Charpentier, de la cure ou église paroissiale de Saint-Pierre de Pomponne sur *la résignation*, pour cause de permutation, de Me Guillaume Bienvenu. . . . .

28 octobre 1716. — Provision du prieuré-cure de Pomponne au Frère François d'Appougny, chanoine régulier de Saint-Augustin, congrégation de Sainte-Croix de Paris (Profès dans ce monastère depuis le 19 avril 1689). . . . .

Il dispute le Prieuré aux Jésuites d'Amiens et à Julien Charpentier leur vicaire perpétuel et se le voit définitivement attribuer par arrêt du conseil du roy du 28 juin 1721, rendu sur le pourvoi en cassation que les Jésuites avaient formé contre l'arrêt du 24 septembre 1718.

Le 5 août 1722, exécutant une condition qui lui avait été imposée par cet arrêt, il prend l'habit et fait profession à l'abbaye de Saint-Martin-aux-Bois, qui fait partie de la Congrégation de France, ordre de Saint-Augustin dont il est déjà membre, et reste Prieur-curé de Pomponne.

10 octobre 1742. — Frère Maynaud de la Tour, chanoine régulier de l'ordre de Saint-Augustin, congrégation de Sainte-Croix, Prieur-curé du Prieuré-cure de Pomponne, résigne son bénéfice en faveur de Frère Janelle, prêtre, chanoine régulier de Saint-Augustin.

21 octobre 1743. — Louis Janelle prend l'habit à l'abbaye de Rarecourt.

1er mai 1747. — Lettres patentes du roi en faveur de Frère François-Louis Janelle. Ces lettres royales autorisent le Frère François-Louis Janelle, en résignant la cure de Saint-Pierre de Pomponne, à se réserver, sur ses revenus, une pension annuelle et viagère déjà créée et homologuée en cour de Rome, à la condition que cette pension n'excédera pas le tiers du revenu. Elles le dispensent de l'observation de la déclaration royale de juin 1671 qui défendait de se réserver une pension sur les revenus d'une cure que l'on résignait, à moins de l'avoir desservie pendant seize ans (1).

(1) *Archives nationales*, V.^{5} 1264 fol. 42.

27 juin 1747. — Installation de Frère Boireaux en faveur de qui le Frère Janelle a résigné son bénéfice (1).

12 janvier 1770 (2). — Imprimé portant ce titre : Arrest de la Cour du Parlement qui maintient le Frère Gérard Homo en la paroisse du prieuré-cure de Pomponne, dépendant de l'abbaye Saint-Martin-aux-Bois, sur la nomination faite par le bureau d'administration du collège Louis-le-Grand auquel cette abbaye est unie.

Analyse.

Le Frère Gérard Homo, est « prêtre, cha- » noine régulier de la congrégation de France, » ordre de Saint-Augustin. » — Il a été nommé au Prieuré-cure de Pomponne, par les administrateurs du collège Louis-le-Grand, mais il s'est vu refuser, le 19 août 1768, l'institution canonique par messire Christophe de Beaumont, archevêque de Paris, qui avait pourvu de ce bénéfice « Frère Léger Papin, prêtre

(1) *Archives nationales*, M. 152.
(2) *Archives nationales*, section judiciaire M. 77, n° 13.

chanoine régulier de l'ordre de Saint-Augustin, congrégation de France. »

Il avait néanmoins pris possession de la cure le 6 septembre 1768, puis, il avait assigné Léger Papin et l'archevêque lui-même. Les revenus de la cure avaient été mis sous séquestre le 16 janvier 1769 par arrêt qui avait nommé séquestre Mᵉ Gillet, notaire à Pomponne.

L'arrêt « maintient et garde le bureau d'administration du collège Louis-le-Grand dans le droit de nomination et de présentation du Prieuré-cure de Pomponne, dit, qu'il y a abus dans le refus de l'archevêque, autorise Frère Gérard Homo à se retirer devant le primat, pour obtenir de lui le *visa* en la manière accoutumée, dit que le séquestre lui rendra compte et déclare sa prise de possession définitive.

5 août 1768 (1). — L'abbé de Sainte-Geneviève (M. Viallet), écrivant à l'archevêque le 5 août, 1788, au sujet du procès entre le Frère Gérard Homo et le Frère Léger Papin, disait

(1) *Archives nationales*, M. 152.

que celui-ci, ordonné prêtre en septembre précédent, était trop jeune pour être curé. « Il ne connaît que superficiellement les prin-
« cipes de la religion, encore moins les consé-
» quences qui en résultent pour la conduite
» des âmes...; ajoutons que les statuts de notre
» congrégation, qui ont défendu autrefois à
» tout chanoine régulier de posséder une cure,
» à moins qu'il n'ait dix ans de prêtrise, ont
» toujours exigé de celui qui s'y destine, qu'il
» se fût au moins formé pendant quelques
» années aux fonctions du ministère. »

Nous devons savoir gré à M. Vallet de cette lettre à l'archevêque de Paris, car elle valut à notre paroisse le religieux bienfait de n'avoir pour curés que des chanoines de l'ordre de Saint-Augustin, qui tous, comme chacun sait, étaient des prêtres mûrs, expérimentés, aussi remarquables par leur talent que par leur piété solide et éclairée.

. . . .

Le prieuré de Pomponne semblait appartenir, en conséquence de la bulle de 1617, aux Jésuites d'Amiens; mais le grand Conseil du

Roy ayant, par son arrêt du 24 septembre 1718, déclaré *abusive* l'exécution de cette bulle, les Jésuites d'Amiens ont été obligés de laisser à nouveau l'abbé de Saint-Martin-aux-Bois, présenter les prieurs de Pomponne.

L'abbé de Saint-Martin-aux-Bois, c'était, depuis 1678, les Jésuites du collège de Clermont.

Le collège de Clermont, laïcisé par Louis XV, devint le collège Louis-le-Grand et fit juger, en 1770, que le droit de présentation aux bénéfices dépendant de l'abbaye de Saint-Martin aux-Bois. et notamment le prieuré de Pomponne, lui était resté attaché.

CHAPITRE IV

MONASTÈRE DE SAINT-AUGUSTIN

Ce fut le 23 octobre 1323, que les Ermites de de Saint-Augustin de Paris se rendirent, pour la première fois, à Pomponne, avec l'intention d'y établir un couvent de leur ordre. — Jacques Petit, dans ses « *Monuments ecclésiastiques,* » et avant lui, le *Penitentiel* de Théodore de Cantorbery, nous apprennent que ce furent les bourgeois de Pomponne, qui, les premiers, invitèrent les Religieux Augustins à venir habiter leur localité. Ils leur offrirent pour cela tout le territoire situé au bout du Pont, et appelé *La Mothe*. C'est dans ce quartier que s'éleva bientôt cet important monastère dont la Martinière et Dom Bousquet font une description très détaillée.

En retour des avantages matériels qui leur étaient ainsi assurés, les Augustins s'engagèrent solennellement à prier chaque jour à l'intention de leurs bienfaiteurs vivants et défunts.

Cette clause de la prière quoditienne, pour les notables de Pomponne, était si formelle, qu'en cas d'omission, une seule fois constatée, la donation devenait nulle de plein droit.

Nous n'avons trouvé nulle part que les Religieux de Pomponne aient jamais manqué à leur engagement, en résistant à ce besoin délicat du cœur que l'on appelle la reconnaissance. Mais nous avons entre les mains des documents qui établissent que, malgré leur fidélité, leur solide piété et les services de tous genres qu'ils se plaisaient à rendre dans notre région, ils eurent plusieurs fois à se plaindre de certains seigneurs orgueilleux, dont nous ne saurions assez blâmer l'indélicate conduite.

Sous le fallacieux prétexte que les terres du Monastère (terres dues à la charité des bourgeois du Bout du Pont) étaient peu ou trop mal cultivées), ou ne se trouvaient *pas entre les mains d'hommes vivants*, les seigneurs confisquaient purement et simplement tous ces biens pour les annexer à leur domaine, et c'est ainsi, nous sommes bien obligés de le dire, que les Augustins se trouvèrent peu à peu dépossédés.

De pareils actes sont inqualifiables, et il ne faut pas en chercher les vrais motifs ailleurs que dans la vanité, l'orgueil et le despotisme. — Ce qu'au fond, on reprochait aux Religieux de Pomponne, ce dont on voulait les punir, c'était de ne pas accepter, avec assez de docilité, la Justice du lieu et d'avoir, dans beaucoup de cas, le prétendu tort de ne se croire vassaux que de l'Église et du Roi.

Les Augustins de Pomponne étaient de ceux qu'on appelait communément les Augustins de la Reine Margueritte. Leur maison-mère était à Paris, au faubourg Saint-Germain. Bien qu'ils fussent très-nombreux et que le couvent qu'ils possédaient à Pomponne eût une très grande importance, on ne trouve mention d'eux qu'une seule fois dans les Registres de l'archevêché de Paris : c'est lorsqu'ils obtinrent de l'autorité écclésiastique la permission de renvoyer l'office de la Dédicace de leur église au troisième dimanche d'octobre.

Un arrêt du Parlement, daté du 23 janvier 1669, tout en établissant qu'ils sont, jusqu'à un certain point, sous la juridiction des prieurs dans la paroisse desquels le monastère est situé, les autorise, à inhumer dans leur chapelle, ceux des habitants de Pomponne qui auraient choisi ce lieu pour être celui de leur sépulture. Mais l'arrêt met comme condition, que toujours la levée du corps et le service funèbre, seront faits à l'église paroissiale et par le curé de Pomponne.

Pendant de longues années, on usa sans doute de la permission accordée par le Parlement, car bientôt l'église, cependant fort spacieuse, ne suffit plus pour recevoir les dépouilles mortelles de tous ceux qui avaient élu ce lieu sacré pour leur dernière demeure.

Il fallut alors transformer en nécropole et en cimetière tous les alentours du monastère.

Il y a quelques années, lorsqu'on fit construire, sur le quai Bizeau, les caves et celliers de la grande maison Gaboriau, on trouva une foule d'ossements dont quelques-uns merveilleusement conservés.

Je suis persuadé qu'il y aurait le plus grand intérêt pour l'histoire et l'archéologie à faire quelques fouilles dans les dépendances de la maison Roussel. — Ces fouilles seraient faciles, peu coûteuses et donneraient les plus curieux résultats. Surtout si elles étaient dirigées d'abord dans les caveaux et sous-sols de l'église servant aujourd'hui de poste aux chevaux.

. . . .

Les notes analytiques que je publie ci-après, dans leur ordre chronologique, si incomplètes qu'elles soient, ne me semblent pas néanmoins sans quelque intérêt. — Elles font partie de l'histoire du monastère de Saint-Augustin, et peuvent, malgré leur laconisme, aider à la recherche de documents plus considérables; c'est d'ailleurs dans cet espoir que je me décide à les écrire.

Ces notes, je les ai puisées, pour la plupart,

dans les archives de M. Dumez ; les autres me viennent des archives départementales et des archives nationales.

25 Octobre 1323. — Dans les titres de fondation du monastère des Augustins de Pomponne, il est dit 1° « que leur maison, jardin, saussaie » et prez à elle contigus et tous autres biens » immobiles sont amortis, mesme de décimes » revenus d'icelles terres et jardins. — 2° Que » l'Hostel-Dieu de Laigny leur doit 22 L. de » rente perpétuelle. »

Ce même titre, « parlant de La Mothe, » propriété des Augustins, l'appelle *maison* et non *fief* (1).

11 Mars 1493. — Un seigneur de Montjay, dont je n'ai pu lire le nom, ayant tenu ses assises chez les Religieux Augustins, dit pour expliquer ce fait que le jour où il a rendu la justice à *La Mothe*, il était « *comme en une terre empruntée,* » car le monastère de La Mothe, il le reconnaît, ne dépend que de la haute justice de Pomponne (2).

(1) Arch. nat. IV, B. I.
(2) Arch. du Château.

1499. — Jean d'Orgemont, seigneur du Plessis et petit-fils de Charles d'Orgemont, seigneur de Mers, est enterré dans l'église des Augustins de Pomponne.

1654. — Ordonnance du Bailly de Pomponne portant défense absolue 1° d'attacher et d'amarrer les bateaux montants et descendants la rivière de Marne, depuis le chevet de l'église des Augustins jusqu'à Vaires, sans payer le droit de pallage pour « chacun batteau »; 2° d'aller « pescher » dans l'isle d'Attigny, sans payer le droit du Seigneur de Pomponne (1).

22 Novembre 1518. — Messire Louis Courtin, Seigneur de Pomponne, fait saisir sept quartiers de vignes que les Augustins possédaient au Grimpet (coteau situé en face du château et le dominant). — La dépossession se fait, je je l'ai déjà dit tout à l'heure, sous le ridicule prétexte que les terres ne sont pas suffisamment cultivées et que, d'ailleurs, elles ne sont pas entre les « *mains d'hommes vivans.* »

(1) Arch. du Château.

Les Augustins s'indignent d'abord, puis supplient. Le seigneur de Pomponne consent à rendre deux quartiers de vigne, mais sous la double réserve, qu'en retour, il lui sera servi deux livres de sens, et que tous ses droits de justice seront reconnus.

1613. — Un arrêt du Parlement, en date du 9 février, obligé un nommé Chartier, tabellion à Torcy, à ne plus passer ses actes de contrats à Lagny, mais bien à la *Pierre royale*, dite *des Augustins*.

26 Novembre 1624. — Acte de fondation. — Monsieur de Gesvres fait une rente de cent livres à l'église des Augustins (1).

27 Juin 1630. — Monsieur de Pomponne écrit au supérieur des Augustins une longue lettre au sujet de la Pierre Royale ; il y rappelle notamment *l'avis d'un viel avocat, nommé Montreuil,* lequel affirme « que la prétention de la Pierre Royale est sans aucune valeur; que la prescription ne saurait en aucune façon l'établir, mais que des titres seuls peuvent le faire. »

(1) Arch. nat. H 858.

6 Juillet 1641. — Long et peu édifiant procès entre les Seigneurs de Pomponne et les religieux Augustins. Les Seigneurs prétendent avoir, sur tout le monastère, le droit de haute justice, tandis que les Augustins refusent de reconnaître ces droits, en recherchant tous les moyens de s'y soustraire.

27 Juin 1643. — Acte établissant péremptoirement, qu'il ne se trouve, dans les Archives du Duché de Valois, aucun titre pour prouver que le fief de La Mothe, propriété des Augustins, relève de ce Duché.

25 janvier 1669. — Arrêt de la cour du Parlement ordonnant que les corps des défunts soient désormais portés aux églises paroissiales avant d'être présentés ailleurs; et cela nonobstant « *tous élections* de sépultures *chez* » *les mandians ou autres* ».

Cet arrêt fut rendu ici entre les Augustins du Bout du Pont de Lagny, paroisse de Pomponne et messire Jean d'Imbert, prestrecuré dudit Pomponne, le 15 mars, 1669 (1).

(1) Arch. nat. H. 326.

21 novembre 1676. — Transaction entre messire Simon Arnauld et les religieux Augustins. Ceux-ci consentent à reconnaître, dans certains cas bien spécifiés, les droits du seigneur de Pomponne, à tenir les assises dans le monastère, et à y rendre la justice. Ils autorisent également M. de Pomponne à faire placer dans l'église du monastère, « hors le balustre », à la place qui lui conviendra le mieux, un banc spécial pour lui et les siens.

Le 21 juin 1681, un arrêt du Parlement homologue cette transaction que déjà le chapitre provincial des Augustins avait, de son côté, approuvée et ratifiée.

26 août 1734. — Procès-verbal dressé et rédigé par les officiers du Bailliage de Pomponne, au sujet d'un placard « séditieux » trouvé à la porte de l'église paroissiale.

Analyse.

Ce placard aurait été affiché, paraît-il, par les religieux du Bout du Pont, dans un but de je ne sais quelles *revendications*. Ceux-ci s'y qualifient du titre : d'*Augustins de Pomponne* alors qu'ils ne se sont appelés jusque-là que les *Augustin du Bout du Pont de Lagny*. Le seigneur de Pomponne voit dans ce changement de titre, un danger, une menace et comme une usurpation de ses droits. Aussi, ordonne-t-il aussitôt l'enlèvement et la lacération du placard (1).

Rentes foncières.

Reconnaissances souscrites, au profit des religieux Augustins de Pomponne, par divers débiteurs, avec garantie sur les biens situés à Annet, Conches, Lagny, Pomponne, Reuil, Thorigny, Chalifert, etc. Titre nouvel de cinq livres de rente, reconnues par maître Guillaume Perrier, avocat au Parlement, tuteur onéraire de monseigneur Charles-Henry de Feydeau, marquis de Brou, et de mesdemoiselles Anne-Justine et Antoinette-Pauline-

(1) Arch. Dumez. — Gros Répertoire.

Catherine Feydeau de Brou, seigneur et dames de la terre de Pomponne, unie au marquisat de Brou.

Autres titres nouvels par dame Chartier, veuve de maître Georges Deoncourant, notaire royal au grenier à sel de Lagny, subdélégué de l'intendance de Paris; demoiselle Denise-Nicole Lombart et Simon Lombart, intéressé dans les fermes du roi; — Jean Charlabour, marchand vinaigrier à Paris, rue des Vertus. Ajournements, sentences et procédures contre Claude-Pierre Beauvais, de Reuil et autres, etc. (Arch. de S.-et-M., 11ᵉ série G. H., p. 92.)

CHAPITRE V

LÉPROSERIE DE POMPONNE

A leur retour d'Orient, les Croisés, comme chacun sait, avaient rapporté l'épouvantable maladie de la lèpre, ce mal horrible, que dans l'antiquité on avait surnommé le *Fils aîné de la Mort.*

A l'aspect d'un lépreux, à l'haleine infecte, à la peau ulcérée, noircie et desséchée, au nez démesurément gonflé, aux yeux dégarnis de cils, aux mains privées de leurs ongles, au corps souvent mutilé par la perte d'un membre tombé, les populations étaient saisies de dégoût et d'effroi. Tous fuyaient : le malheureux abandonné devait revêtir la robe noire et porter au cou une clochette, pour signaler sa présence aux vivants, dont il semblait déjà ne plus faire partie.

Toute communication avec les autres hommes lui était interdite. Il ne devait se laver les mains ni dans les fontaines, ni dans les ruisseaux ; il lui fallait toucher, avec une baguette, les objets indispensables, et seul dans une misérable cabane, il restait triste, abandonné, loin de tous lieux habités.

Dans ces conditions, la mort était le seul terme à toutes ces horribles tortures du corps et de l'esprit. Mais, grâce au ciel, là où l'humanité, livrée à elle-même, reculait épouvantée, la religion, qui est toujours l'école des grands dévouements, vint apporter ses pieuses consolations. On vit alors des serviteurs de Dieu, dont la charité égalait le courage, fonder des asiles et des refuges, où, sous le même toit, ils prodiguèrent et leurs soins et leurs encouragements.

Une de ces léproseries ou maladreries, fondée, on ne sait au juste par qui, existait déjà à Pomponne à la fin du XIIe siècle.

En effet, Maurice de Sully, évêque de Paris, étant venu en 1180, bénir le cimetière du Val-Adam, près Montfermeil, acte fut dressé de cette cérémonie, et, parmi les notables qui le signèrent, nous trouvons le nom de Guillaume, chapelain des Lépreux de Pomponne (1).

Une autre pièce, qu'il nous a été donné de consulter, confirme ce fait historique. Il s'agit d'un acte de vente que les religieuses de la maladrerie firent en 1197 à Issembard, abbé de Saint-Maur, d'une rente de *bled* sur les moulins qu'ils possédaient à la Brosse, près de Ferrières.

Cet acte fort curieux, écrit dans le latin employé à l'époque, commence ainsi : *Ego Richardus, Prior et Provisor domus infirmorum de Pomponna et Omnes ejusdem domus fratres infirmi et sani* (2).

Cet établissement, très important déjà à cette époque, puisqu'il servait d'asile aux malades de Lagny, Pomponne, Montévrain, Chessy, Conches, Gouvernes et Saint-Thilbault, était,

(1) V. l'abbé Lebœuf.
(2) Arch. du Château.

comme l'indique la citation que nous venons de faire, sous la direction d'un prêtre. Celui-ci était aidé dans sa lourde tâche par une douzaine de religieux et autant de religieuses.

Les revenus de la maladrerie, tant à Lagny qu'à St-Mesmes et à Fontenay, étaient fort considérables et suffisaient amplement à sa bonne administration. Si plus tard nous voyons la maison hospitalière de Pomponne à peu près abandonnée, il ne faut pas oublier que ce fut par le fait de dépossessions inqualifiables, qu'il ne serait pas édifiant de rapporter ici.

Un manuscrit de 1351 (1), conservé aux Archives nationales, indique que la Maladrerie était située dans le quartier de la Madeleine qui, bien qu'appartenant à la commune de Pomponne, semble, à cause de sa proximité avec Lagny, faire partie de cette ville. On lit en effet en tête de ce document : *Leprososaria de Pompona alias de Latiniaco.*

On voit à la Bibliothèque nationale (1) une

---

(1) Arch. Nationales. S. 4927.
(1) Galerie des Estampes. Topographie de l'arrondissement de Meaux.

estampe fort curieuse de la maladrerie de Pomponne, telle du moins qu'elle était encore dans la première moitié du xviie siècle. L'ensemble en est imposant et du meilleur aspect. D'après la gravure, la léproserie, avec toutes ses dépendances : salles des malades, maison des Religieux, chapelle, etc., occupait une bonne partie du parc Decœur et presque tout le parc Chabanneau.

. . . .

La maladrerie de Pomponne, comme nous le dirons à la fin de ce chapitre, fut réunie à l'hôpital général de Lagny, le 31 août 1697.

. . . .

Les notes que nous publions ci-après sont les seules que nous ayons pu nous procurer au sujet de la maladrerie de Pomponne. Si incomplètes qu'elles soient, elles méritent, croyons-nous, d'être citées, d'autant plus que leur publication fera peut-être surgir un jour, c'est là notre espoir, les documents qui expliqueront et compléteront notre modeste étude monographique.

. . . .

4 Mars 1428. — Maître Pierre Larchier, par l'intermédiaire d'un procureur, se désiste de la poursuite intentée par lui contre Jean de Nant, Evêque de Paris, parce que le dit évêque avait mis ce dernier en possession et saisine de la maladrerie de Pomponne, près de Lagny-sur-Marne, que ledit Pierre Larchier avait d'abord prétendu lui avoir été assurée par le prédécesseur de Jean.(*Cart. de N.-D. de Paris.*)

30 Mars 1505 — Titre nouvel passé par l'Administrateur de la maladrerie, Saint-Ladre-lès-Pomponne, par lequel il reconnaît devoir au Seigneur de Pomponne, à cause des terres situées dans la dite seigneurie, 68 l.; à cause de celles qui y sont situées au fief de Novion, 45 l., tant cens que rentes, qui est en tout 50 l. par an (1).

(1) Archives du Château.

3 Janvier 1511. — Déclarations des cens et rentes (dues) à la maladrerie de Pomponne.

4 Janvier 1601. — Inventaire des titres et papiers de la maladrerie fait par Jean Julien, lieutenant au baillage de Lagny, entre les mains duquel les dits titres et papiers ont été remis.

6 Novembre 1606. — Pierre Pasquier et Jean Loyseau, titulaires de la Maladrerie, vendent à Pierre Hounequin, pour la somme de 400 l., une foule de reconnaissances et d'arrérages dus par plusieurs propriétaires à ladite maladrerie.

4 Décembre 1606. — Assignation donnée à Monsieur de la Boderie à comparaître devant la chambre de charité chrestienne, à la requête de Pierre Desjardins, administrateur de la maladrerie (Archives du château de Pomponne.)

7 Octobre 1614. — Titre nouvel souffert par Jean Buisson, exécuteur testamentaire de Marie Manchot, veuve Vincent, de 3 œufs et 8 L. de cens, envers la maladrerie, à cause d'un demy quartier de vigne, sis au terroir de Pomponne. (*Arch. du Château.*)

1618. — Adjudication sur folle enchère poursuivie en la Chambre de la générale réformation des hôpitaux et maladreries de France, établie à Paris, contre Jacques Defonteny, Nicolas Andry et Charles le Comte, du revenu temporel de la maladrerie de Pomponne et ferme *d'Hermoin*, au profit de Jean Gibert, sergent royal à Lagny, moyennant 600 livres, à la charge de faire faire le service divin, entretenir les bâtiments de menues réparations, acquitter les cens et rentes, etc., etc. (*Arch. de Seine-et-Marne*, IV, B.)

1621. — *Comptabilité*. — Arrêt du grand conseil du Roi rendu entre maître Guillaume Desjardins, avocat au conseil privé de Sa Magesté, exécuteur du testament de défunt Pierre Desjardins, escuyer administrateur de la Maladrerie de *Pomponne-lez-Lagny*, appelant d'une sentence prononcée par les juges de la Chambre de la générale réformation des hôpitaux et maladreries de France, d'une part ; et le procureur-général du Roi d'autre part, afin de payement de 294 livres, 14 sous, 8 deniers, dus au dit sieur Desjardins, en vertu de certain état de compte par lui rendu à la dite chambre, les 1er Février 1605 et 13 Janvier 1615 et de la somme de 198 livres tournois, pour le reste de son dû, pour cause d'administration de ladite maladrerie, depuis le 1er janvier 1615, jusqu'au 25 Mai 1646, jour de décès de Pierre Desjardins, lequel arrêt a ordonné que l'appelant serait payé des sommes ci-dessus, etc. (Arch. de Seine-et-Marne, IV, E, p. 81).

8 Octobre 1623. — Titre nouvel souffert par Jean Rouillé, vigneron, demeurant à Lagny, de 4 L. de gros cens dues à la maladrerie de Pomponne à cause d'un quartier de vigne, sis au lieu dit : *La Ruelle aux Prestres.*

20 Octobre 1623. — Titre nouvel souffert par Nicolas Septier et consorts, de 2 L. de cens dues à la maladrerie, à cause d'un quartier de vigne sis au terroir de Thorigny (1).

7 Janvier 1624. — Titre nouvel souffert par Jacques Semelle, demeurant à Damart, et Jean de l'Orme, demeurant à Thorigny à cause de 27 perches de vigne sises au terrain de Thori-

(1) Arch. nat. IV, B1.

gny chargé de 39 L. de rente envers la maladrerie de Pomponne (1).

15 Décembre 1625. — L'inventaire et tous les autres titres de la maladrerie de Pomponne sont prêtés, par communication, à Guillaume Chevalier, procureur.

Celui-ci garda ces pièces et ne les a jamais rendues.

26 Mars 1648. — Jugement rendu en la chambre de Genevalle. — Réformations sur la remontrance du procureur du Roy en la dite chambre, portant condamnation par corps contre Guillaume Chevalier, procureur au Chastelet, de rendre les titres et papiers de la Maladrerie, qui lui avaient été confiés, mais non donnés.

Auquel jugement sont attachés le procès-verbal d'emprisonnement dudit Chevalier et quelques procédures en conséquence.

14 Janvier 1654. — Acte de désistement fait par la Chambre de la Charité, de quelques procédures qu'elle avait commencées, après la mort du fermier de la Maladrerie, au sujet des

(1) Arch. du Château. — Gros Répertoire.

droits de justice accordés aux seigneurs de Pomponne. (*Arch. de M. Dumez.*)

1673. — Par suite de l'état de délabrement où était tombée la chapelle de la Maladrerie, l'autorité ecclésiastique décide qu'aucune messe n'y sera plus désormais célébrée ; la messe devra se dire à l'église paroissiale. (*Arch. Nationales*, M. 109.)

1672-1731. — Echange de la Maladrerie de Pomponne et de la terre *d'Hermoin* en dépendant, contre une autre ferme, terres et héritages, sis au bourg et territoire de Chelles, entre François-Marie de Cambis, sieur de Saint-Montourt, pourvu par le Roi de ladite maladrerie, et messire Simon Arnauld, chevalier, seigneur de Pomponne, secrétaire d'Etat et des Commandements du Roi. — Procès-verbal d'expertise des biens à échanger, dressé par Henri-Marie Le Clerc, chevalier, seigneur du Tremblay, conseiller du Roi en ses conseils d'État et privés, maître de requêtes ordinaire de son hôtel, l'un des juges ordonnés par Sa Majesté en la Chambre de la générale réformation des hôpitaux et maladreries de France.

Actes d'échanges des biens désignés audit procès-verbal. — Ratification de cet échange prononcé par le roi en son conseil privé. — Consultation donnée par M. Berroyer, avocat.

Notes et mémoires concernant la contenance des biens dépendant de la ferme de Chelles, dont la mesure n'a pas été stimulée et que M. Arnauld de Pomponne, fils de l'échangiste, se refusait à parfaire, en objectant la prescription, etc. (*Arch. de Seine-et-Marne*, IV, B, 2).

Réunion de la Maladrerie de Pomponne à l'Hôpital-Général de Lagny.

Par un édit en date du 20 février 1673, Louis XIV concéda à l'ordre de Saint-Lazare de Jérusalem (appelé en France par Louis VIII et Louis IX et déjà préposé par eux à « la direc-
» tion et administration de toutes les maladre-
» ries, hospitaux et lieux pieux du Royaume »).

» L'administration et jouissance de toutes
» les maisons, droits, biens et revenus, cy de-
» vant possédez, par tous autres ordres hos-
» pitaliers, militaires, éteints, supprimez et

» abolis spécialement » (suit une énumération de 77 ordres religieux) « et aussi l'administra-
» tion et jouissance perpétuelles et irrévoca-
» bles de toutes les maladreries, léproseries et
» commanderies, ensemble, tous les hôpitaux,
» hôtels-Dieu, aumôneries, confréries, cha-
» pelles hospitalières. »

Louis XIV comptait, il le dit lui-même dans
» l'édit, constituer, avec la plus grande partie
» des biens qu'il attribuait ainsi à l'ordre de
» Saint-Lazare, des pensions et commanderies
» aux gentilshommes et officiers de nos trou-
» pes. »

Mais par un nouvel édit, daté de mars 1693, le Roi fait connaître les grandes difficultés qu'a engendrées son édit de février; il revient donc sur sa première idée, et il déclare sa volonté de laisser tous les revenus d'hôpitaux, même de ceux où l'hospitalité n'était point gardée, pour être employés au soulagement et à la subsistance des pauvres.

Bientôt de nouveaux édits pourvoient à la réalisation de ce philanthropique projet. Celui du 24 août 1693, porte dans son art. 2 :

« Voulons que ceux (maladreries, léproseries
» et autres établissements) dont les revenus
» ne sont pas suffisants pour y rétablir l'hos-
» pitalité, soient unis à d'autres hôpitaux, où
» elle est ou sera exercée en vertu de notre
» présente déclaration, à la charge d'y recevoir
» les pauvres et malades des lieux où les hôpi-
» taux unis sont situés, au nombre qui sera
» réglé par rapport aux revenus unis. »

En exécution de cet édit, « la ferme de Chel-
» les, héritages droits et revenus en dépendans,
» donnez par M. de Pomponne en échange de
» de la maladrerie de Pomponne, ferme, héri-
» tage et droits en dépendans » fut unie à l'hôpital général de Lagny — par arrêt du Conseil
privé du Roi en date du 31 août, 1697.

Voici d'ailleurs le résumé de cet arrêt tel
qu'il figure aux archives de Seine-et-Marne :

1697-1698. — Arrêt du Conseil privé du Roi
rendu sur les avis du sieur Archevêque de
Paris, duc de Saint-Cloud, pair de France et du
sieur Phelypeaux, conseiller d'État, intendant
et commissaire départi en la Généralité de
Paris, sur l'emploi à faire, au profit des pau-

vres, des biens et revenus des Maladreries, hôpitaux et Hotels-Dieu, sur le rapport du sieur d'Aguesseau, par lequel Sa Magesté a uni à l'hôpital de la ville de Lagny les biens et revenus de la Maladrerie de Champs et la ferme de Chelles héritages et revenus en dépendant, donnés par le sieur de Pomponne en échange de la Maladrerie de Pomponne, de la ferme d'Hermoin et de tous les autres héritages de cette Maladrerie; — Lettres patentes accordées par le Roi aux administrateurs de l'hôpital de Lagny, pour l'exécution de l'arrêt qui précède — Arrêt de la Cour du Parlement de Paris ordonnant l'enregistrement au greffe d'icelle des lettres dont il s'agit. — Signification faite aux mêmes administrateurs par Messire Nicolas Arnauld de Pomponne, Chevalier, Seigneur, Marquis de ce lieu, ancien Lieutenant général pour le Roi, au gouvernement des Province de l'Ile de France, Soissonnais, Laonais, Beauvoisis, Vexin, brigadier des camps et armées du Roi, par laquelle le dit Seigneur, en continuant de jouir des droits qui lui sont acquis par ses titres, rappelle aux administrateurs l'obligation où ils sont, de recevoir dans l'Hôtel-Dieu, les pauvres malades des Terre et Seigneurie de Pomponne, et en conséquence, qu'ils aient à recevoir la personne du nommé Jacques Desouches, pour être logé, éclairé, chauffé et entretenu dans l'établissement.

Autres nominations de malades et indigents par les successeurs du sieur marquis de Pomponne, etc. *(Archives de Seine-et-Marne, supplément à la Série II, p. 80).*

CHAPITRE VI

SEIGNEURIE

L'important domaine de Pomponne remonte à une très haute antiquité. — Il est fort probable qu'il prit naissance lors de l'occupation romaine. — Car *Pimpo*, sujet romain, ne donna son nom à notre localité, qu'en s'emparant, comme seigneur, des terres qui la constituaient.

Néanmoins, nous n'avons pu découvrir nulle part, sur la seigneurie de Pomponne, de documents historiques antérieurs à 1107.

Quoiqu'il en soit, c'est là déjà, croyons-nous, une date qui mérite quelque respect.

A cette époque nous trouvons donc le nom de Hugues de Pomponne. Nous avons parlé ailleurs de cet audacieux guerrier, quand nous avons raconté la bataille de Gournay.

Ce simple fait de notre histoire locale, indique, à notre avis, l'ancienneté de la seigneurie, car celle-ci, pour être si forte, si agressive et si redoutable, dès le commencement du XIIe siècle, devait nécessairement posséder, avec un passé glorieux, des richesses de tous genres et des ressources accumulées depuis de longs siècles. . . . .

Avant de donner sur chacun des seigneurs de Pomponne les petites notes biographiques que nous avons pu nous procurer, nous allons faire l'historique, tout-à-fait résumé, de la seigneurie et dresser, pour l'intelligence de notre récit, un tableau généalogique ou plutôt chronologique, des seigneurs et co-seigneurs de Pomponne, depuis 1107, jusqu'à nos jours.

Disons d'abord que bien peu de familles possédèrent longtemps la seigneurie, car, très souvent, celle-ci tomba en ligne féminine.

Au XVe siècle cependant, nous voyons trois

générations des Courtin se succéder sans aucune interruption et donner à la terre de Pomponne une très-grande extension.

De 1613 à 1700, les Arnauld, par de nombreux achats, de fréquents héritages, de riches et brillantes alliances, enrichissent aussi le domaine seigneurial.

En 1712. Celui-ci comptait plus de 20 fiefs qui, tous, relevaient directement de lui.

Nicolas Arnault, dernier marquis de Pomponne, mourut en 1737. — Ne laissant qu'une fille Catherine-Constance-Emilie Arnault. — Celle-ci épousa Jean-Joachin Rouault, Marquis de Gamaches en Ponthieu et grand d'Espagne qui devint ainsi, par son mariage, seigneur de Pomponne,

En 1759, la terre seigneuriale passa des mains du marquis de Gamaches dans celles de Joseph Feydeau, marquis de Brou.

A la mort de ce dernier, ses trois enfants se partagèrent les deux seigneuries, dont ils firent trois lots : les deux premiers, comprenant le château et la seigneurie de Brou, échurent, par droit d'aînesse, à Charles Henry de Feydeau.

Les deux sœurs, la Marquise de Beaupeou et la vicomtesse de Tavannes se partagèrent le troisième lot, dans lequel se trouvait le domaine de Pomponne, dont la vicomtesse de Tavannes devint, par suite d'arrangements, l'unique propriétaire.

En 1782, le vicomte de Tavannes vendit la terre de Pomponne à M. Havelin de Bavillier, alsacien d'origine et officier des Cent-Suisses.

M. de Bavillier mourut deux ans après cet achat, et, en 1785, M. Lebas de Courmont lui succéda, comme propriétaire du château et de toutes ses dépendances.

M. de Courmont, étant mort en 1793, madame de Courmont et ses enfants gardèrent néanmoins la propriété jusqu'en 1821, époque à laquelle ils la vendirent à M. Louis Dreux, lequel la laissa à M. Ed. Dreux son fils, lequel la laissa à son gendre M. Albert Dumez, le propriétaire actuel.

TABLEAU GÉNÉALOGIQUE ET CHRONOLOGIQUE
DES SEIGNEURS DE POMPONNE

Fief seigneurial

1107. — Hugues de Pomponne.
1151. — Renaud de Pomponne, Nicolas et Hugues de Pomponne, ses fils.
1176. — Jean de Pomponne (chevalier).
1270. — Nicolas de Pomponne.
1285. — Les frères Huë.
1302. — Le sire de Pacy.
1305. — Guillaume de Dormans, évêque de Meaux.
1340. — Guillaume Cassinel.
1458. — Bertrand de Saint-Julien.
1489. — Martin Courtin.
1518. — Louis Courtin.
  »   Jean Courtin, son frère.
1558. — Pierre Grassin (par sa femme Marie Courtin, fille de Jean Courtin).
1569. — Claude et Pierre de Hacqueville (par achat).
1580. — Pierre de Hacqueville (seul).

1585. — Nicolas de Hacqueville (fils du précédent).
1613. — Robert Arnauld d'Andilly (par sa femme Catherine de la Boderie, héritière de Nicolas de Hacqueville, son frère utérin).

Marquisat.

1677. — Simon Arnauld (fils de Robert Arnauld).
1682. — La terre est érigée en marquisat.
1699. — Catherine l'Advocat (veuve de Simon Arnauld).
1712. — Nicolas-Simon Arnauld (fils du marquis Simon Arnauld).
1737. — Jean-Joachim Rouault, de Gamaches (par sa femme, qui était fille de Nicolas-Simon Arnauld).
1750. — Joseph Feydeau de Brou (par achat).
1778. — Partage entre les trois enfants du précédent.
1782. — Huvelin de Baviller (par achat).
1785. — Lebas de Courmont (par achat).
1821. — Louis Dreux (par achat).

1868. — Louis-Edouard Dreux, fils de M. L. Dreux (par héritage).
1888. — M. Albert Dumez, gendre de M. L.-E. Dreux (par héritage).

SEIGNEURS DE POMPONNE

Notes biographiques et chronologiques.
(1151-1215).

Après Hugues de Pomponne dont nous avons suffisamment fait connaître la vie aventureuse et guerrière, Renauld, son fils aîné, est le second seigneur de Pomponne dont il soit fait mention dans nos annales régionales. Nous trouvons son nom au bas d'un acte de l'abbaye de Lagny, daté de 1151. Il a signé cette pièce comme témoin et il y est qualifié de seigneur de Pomponne. C'est ce même Renauld qui fut présenté à Paris en 1157 à Louis le Jeune, par le comte de Meulan, pour qu'il ait à prêter serment de ne pas faire servir contre le roi, sa terre de Gournay. C'est également Renauld de Pomponne, qui, en 1158, fit don à l'abbaye de Chaalis d'une terre qu'il possédait au diocèse de Beauvais dans un endroit appelé communément *territorium commelense*.

Renauld de Pomponne avait deux frères, Nicolas et Hugues. Il est question du premier dans un acte de l'abbaye du *Jard*, où il est qualifié de chevalier *Nicolaus de Pomponna Miles*. C'était un esprit très cultivé, une nature austère, ennemie du faste et du bruit. Par esprit de renoncement et pour obéir à ses sentiments religieux, il refusa de succéder à son frère, comme seigneur de Pomponne. Il quitta même le monde pour se retirer dans la solitude et se sanctifier. Ses exemples de piété et de mortifications volontaires, firent tant d'impression sur Adeline, son épouse, que celle-ci demanda la permission de se retirer à Faremoutier, où elle mourut après avoir fait profession (1).

1276. — *Hugues*, lui, avait des goûts bien différents de ceux de son frère Nicolas ; dès qu'il se fut emparé, comme seigneur, de la terre de Pomponne, il se livra, sans retenue,

---

(1) V. *Hist. de Paris*, par l'abbé Lebœuf, t. VI.

à toutes espèces de plaisirs et de passions. C'était chez lui des fêtes continuelles, et, en moins de dix ans, il se vit dans la nécessité d'aliéner une partie de son domaine pour faire face à ses trop nombreuses dépenses.

En 1275, il vendit, en effet, une partie de ses terres à Marie d'Aulnay. — Nous trouvons, dans le cartulaire de Notre-Dame, la confirmation de cette vente, en même temps que la défense faite à l'abbaye de Chelles, d'entrer, par opposition, en jouissance des biens de notre Seigneurie. Voici d'ailleurs cette pièce curieuse que nous sommes heureux de citer ici tout entière.

Feodum de Pomponna et Kala (1)

30 mars 1276

Maria de Alneto fecit hommagium ligium domino Stephano Parisiensi episcopo de terra de Pompona quam emerat a domino Hugone de Pompona, milite, ecclesia de Kala, sed non fuit permissum quod ecclesia prædicta eandem terram teneret. De qua tenet in domanium ipsa Maria, III, arpenta prati cum dimidio,

(1) Cart de N.-D. de Paris, III, p. 207.

item dimidium terræ arabilis XIIII solidos et II denarios sensus.

Cetera vero sunt in retrofeodis. Quorum partes debet offerre infra quadraginta dies. Et hoc homagium facit propter defectum alterius qui dictum homagium intrare deberet et quousque dominus episcopus de dicto feodo alium hominem haberet. Hoc autem factum fuit apud Sanctum Victorem Parisius, in domo episcopali prœsentibus, etc... Anno MCC°LXX° quinto die lune, post *Ramos* palmarum.

Jehan de Pomponne. — 1176-1202.

Jehan de Pomponne fut contemporain de Renauld et probablement, à plusieurs points de vue, seigneur aux mêmes titres que lui.

C'est ce seigneur qui, en 1176, fonda le prieuré où il fut inhumé ; ce fut lui également qui, plus tard, donna à ce même prieuré dix arpents de bois, situés en un lieu appelé les *Usages de Vaires,* ainsi nommé parce que les habitants de Pomponne avaient l'habitude d'y faire paître leurs bestiaux (1).

(1) *Gallia christ.,* t. VII.

En 1192, Jean de Pomponne, nous dit l'abbé Lebœuf, abandonna tous les droits qu'il possédait sur l'église Saint-André de Chelles, pour en faire bénéficier à sa place, l'abbaye de cette localité.

En 1200, il fit don aux chanoines réguliers de Livry d'un petit domaine qu'il possédait près de Brou ; à charge pour ces religieux, de prier Dieu pour l'âme de Thibault de Garlande, son parent et son ami.

Les Frères Huë. — 1285.

Les Frères Huë succédèrent probablement à Hugues, comme seigneurs de Pomponne.

Nous avons trouvé, dans les archives de M. Dumez, un acte où il est question d'eux. Cet acte, daté de 1285, établit, revendique au profit des Frères Huë, tous les droits que Jean de Pomponne s'était réservés, pour lui et ses successeurs, dans le Prieuré dont il était le fondateur.

Ces droits, on se le rappelle, consistaient, pour les seigneurs de Pomponne, à descendre au prieuré, à y être reçus, eux, leur suite, leurs chevaux, et à y tenir les assises.

La seule revendication des Frères Huë nous permet de dire qu'ils se faisaient une fausse idée du prêtre, puisque, par le fait de leurs exigences ou de leurs réclamations, les prieurs en étaient réduits au rôle humiliant d'hôteliers plus ou moins banals ou de gardiens de prétoire plus ou moins odieux.

. . . .

La petite montée, qui, par la rue de Bordeaux, va de la mairie jusqu'à la villa Lequin, a pris, je ne sais à quelle occasion, le nom des frères Huë, et continue, depuis six cents ans, à s'appeler toujours la *butte Jean Huë*.

Armes des Huë : d'argent aux trois hures de sanglier lampassées de gueules, 2 et 1.

Ansoult de Faiz. — 1294.

Je n'ai trouvé le nom de ce seigneur qu'une seule fois dans un acte de 1294 (1). Malheureusement, ce parchemin était dans un tel état, qu'il m'a été impossible d'en déchiffrer le contenu.

(1) Archives du Château.

Ce même nom d'Ansoult figure dans la liste des maîtres du domaine de Pomponne; je l'ai lu dans le *gros répertoire* du château, mais il n'est accompagné d'aucune note.

Armes inconnues.

Pierre de Pacy. — 1302-1364 (1).

Issu de l'illustre maison de Châtillon-sur-Marne, par son père, Philippe I, seigneur de Pacy et de Nanteuil-le-Haudoin, et frère de Marguerite de Pacy, abbesse de Chelles, Pierre de Pacy prit possession de la terre de Pomponne vers l'an 1302.

C'est à ce seigneur que Jeanne de Navarre, femme de Philippe IV, remit un florin de rente dont il était redevable pour foi et hommage.

Tous les actes qui ont été écrits à Pomponne, du vivant de Pierre de Pacy, plus souvent nommé sire de Pacy, portent qu'ils ont été rendus en la *ville de Pomponne*.

Ce point confirme ce que déjà nous avons

---

(1). Arch. nationales, P I — C 2.

dit ailleurs. C'est que, dès le commencement du xive siècle, notre localité avait une réelle importance.

Armes : De gueules à huit pals de vair, au chef d'or, chargé de trois coquilles de sable.

Guillaume de Dormans, évêque de Meaux. — 1378-1390.

Fils de Guillaume de Dormans, chancelier de France et seigneur de plusieurs paroisses du diocèse de Meaux, neveu de Jean de Dormans, évêque de Beauvais et cardinal, Guillaume était archidiacre de Meaux depuis 1371, lorsqu'il fut élu évêque, le 3 décembre, 1378. — Le 2 octobre, il assista à l'assemblée des grands du royaume, dans laquelle il fut décidé que Charles VI, bien qu'il n'eût encore que douze ans, serait sacré sans retard et gouvernerait ses États, sur l'avis et le conseil de ses oncles.

Le roi avait Guillaume de Dormans en très grande estime, et, c'est pour le récompenser de ses services, comme conseiller général pour la levée des subsides, qu'il lui procura la terre de Pomponne.

L'évêque de Meaux ne resta pas longtemps seigneur de Pomponne. Le 9 octobre 1387, il échangea ce domaine avec Jean le Mercier, contre celui de Villebert que ce dernier possédait, non loin de Mormant.

Armes de Guillaume de Dormans : D'azur à trois têtes de léopard d'or, lampassées de gueules 2 et 1.

Jean Lemercier. — 1415.

Jean Lemercier ne posséda pas très longtemps la terre de Pomponne, il la transmit à son gendre, *François Cassinel* (1). Celui-ci la donna ensuite à Guillaume, l'aîné de ses fils.

Guillaume Cassinel.

Les Cassinel étaient tous d'origine italienne. Celui dont nous avons à nous occuper ici, était le frère de Cassinel, archevêque de Reims et pair de France, sous le règne de Charles VI.

Son père avait dû plaider en 1368, contre Isabeau de Soisy, qui se disait à tort dame de Pomponne. — Guillaume continua et finit

(1) Arch. nat. P¹. C. 126.

par gagner le procès commencé par son père.

En 1415, il fut nommé chambellan du roi.

L'année suivante, Catherine Cassinel, sa fille aînée, entra en religion au monastère des dominicaines de Poissy et se fit servir là, une pension de vingt livres, prélevée sur la terre de Pomponne.

Armes : Vairé d'or et de gueules au bâton d'azur, posé en bande.

Antoine de Bohant. — 1456.

Antoine de Bohant était le gendre du sire de Cassinel. — A la mort de ce dernier, arrivée en 1456, il prit possession de la terre de Pomponne. — Le contrat qui le met en pleine possession des droits seigneuriaux est daté du 2 avril et n'offre d'ailleurs aucun intérêt (1). — Les archives du château possèdent un aveu de 1466, pour le *fief du Gord* à Chelles, en faveur de Antoine de Bohant. — Cet aveu établit un revenu de 12 sous parisis, 2 setiers d'avoine, 3 chapons trois quarts et une oublie.

(1) Arch. nat. P¹. C. 196.

Armes : De sable à une bande d'or accostée de deux cotices de même.

Louis de Bohant. — 1474.

Louis de Bohant succéda à son père, Antoine de Bohan, comme seigneur de Pomponne. Il ne garda le domaine que cinq ans. — Il mourut en 1479, laissant deux filles, Marguerite et Jeanne, qui se partagèrent la terre de Pomponne, pour la revendre, deux ans après, à Bertrand de Saint-Julien.

Bertrand de Saint-Julien. — 1482.

Ce seigneur donne à ferme, moyennant 10 livres de rente, une poule, un poussin et un chapon — la plus grande partie de la *Villeneuve-aux-Anes.*

C'est la première fois qu'il est fait mention de ce fief dans les annales de la seigneurie. Il est fort probable qu'il ne faisait partie de la terre de Pomponne que depuis peu de temps.

En 1483, Bertrand de Saint-Julien reçoit de Montfermeil un aveu de terre; ce qui veut dire que déjà, à cette époque, les seigneurs de

Pomponne possédaient un ou plusieurs fiefs dans cette localité.

Armes : De gueules au sautoir d'argent, au chef cousu d'azur, chargé de trois étoiles d'or.

Martin Courtin, de Sessy. — 1480-1516.

Martin Courtin était un officier distingué des armées de Louis XII. — C'est en récompense de ses services qu'il reçut du roi, en 1589, la seigneurie de Pomponne, alors rattachée à la couronne(1). — Martin Courtin est un des seigneurs de Pomponne qui ont donné à cet antique domaine la plus grande extension et la plus grande puissance.

Pendant les vingt-six ans qu'il passa à Pomponne, il employa son temps à faire, sans cesse, de nouvelles acquisitions et à s'assurer de nouveaux droits ou de nouveaux privilèges.

Ce fut lui qui racheta de Marguerite et de Jeanne de Bohant toute la part d'héritage qui leur était revenu, à la mort de Antoine de Bohant, leur père.

(1) Arch. nat. P'. C. 371 et 475.

En 1491, l'important fief de *Novion* lui revint de son frère Gilles. . . . .

En 1496. — Martin Courtin fait un long procès à messire Durand Beaudreux, curé prieur de Pomponne. Le seigneur se plaint de ce que le service divin n'est pas fait aux jours et heures de sa convenance, et, par toute sorte d'intrigues, il obtient des supérieurs ecclésiastiques que l'heure de la messe et le jour de certaines solennités, en particulier, celles en l'honneur de sainte Véronique, seront désormais désignés et indiqués par lui au prieur (1).

En 1500. — Le même seigneur revendique tous les privilèges de ses prédécesseurs sur le prieuré. — Il obtient même une sentence favorable, au sujet de ses droits de haute et basse justice sur les curés de Pomponne. — Il ne serait pas édifiant de citer ici les considérants de cette incroyable sentence.

En 1502. — « Martin Courtin obtient, de la
» chambre des requêtes, un arrêt lui permet-
» tant de faire faire par ses officiers : Cris
» publics, proclamations, commandements à

(1) V. Arch. du Château.

» son de trompe, de ne jurer ni blasphémer le
» nom de Dieu et de ses saints, le jour de
» Notre-Dame de Septembre, et de ne faire
» noise ni débats, comme aussi de donner
» congé le même jour aux valets et compa-
» gnons à marier.

» Défense aussi de porter bâton ferré à la
» danse, sous peine de 60 sous parisis à son
» profit. » (1).

La lutte continue avec les prieurs de Pomponne. — Ceux-ci se récrient, lorsque les exigences des seigneurs semblent compromettre la dignité de leur ministère.

En 1485. — Martin Courtin fait un compromis avec Guy Beaudreux, prieur et curé.

1506. — Sentence du Prévôt de Paris qui renvoie, devant le Bailly de Pomponne, Henri Dubois, domestique de messire Guy Beaudreux. Celui-ci prétendait, comme son maître, n'être point justiciable des seigneurs de Pomponne.

En 1511. — Martin Courtin fait défense aux seigneurs de Forest et des environs, d'élever des fourches patibulaires, réservées à la haute

(1) Archives du Château.

justice de Pomponne. Le Prévôt de Paris, par une sentence en date du 27 août, ratifie la sentence de Martin Courtin.

Armes : d'azur à trois croissants d'or.

Louis et Jean Courtin. — 1518.

A la mort de Martin Courtin, survenue en 1518, ses deux fils, Louis et Jean, se partatagèrent la terre de Pomponne et en devinrent ainsi les seigneurs. — Mais bientôt, Louis s'arrogea tous les titres et privilèges attachés au domaine tout entier et traita seul, avec une omnipotence absolue, toutes les affaires s'y rapportant. C'est lui qui régla avec le Père Palmier, archevêque, comte de Vienne et prieur, cette éternelle question des droits des seigneurs sur le prieuré.

C'est lui qui aussi, fit saisir, aux Augustins de la Madeleine, sept quartiers de vigne, sous prétexte que ces religieux les laissaient sans culture.

Ces vignes étaient situées au Grimpet, et, ce magnifique coteau, situé près de la mairie et dominant le château, pouvait bien tenter la cupidité des seigneurs ; mais, à mon sens, il y avait un moyen moins indélicat de l'annexer à la seigneurie.

Le 11 février 1519, Louis Courtin achète de Jean Le Comte, pour le prix de 1200 livres, l'île d'Attigny, dont nous avons donné ailleurs une description détaillée.

En 1536, il donne à bail tous les droits de la foire de Pomponne.

En 1537. — Il rend au Roi foi et hommage pour les terres de Pomponne, La Villeneuve-aux-Anes, la Madeleine et le fief de Brou.

1554. — Il fait saisir une bonne partie de la terre de Bordeaux, parce que la redevance de ce fief n'était pas payée exactement.

1555. — Les Augustins de la Madeleine protestent contre la spoliation dont ils ont été l'objet de la part de Louis Courtin ; ils refusent de nouveau de s'inféoder à la seigneurie et d'en reconnaître les droits de haute justice. — Un procès a lieu. — Le prévôt de Paris, circonvenu, condamne aussitôt les dignes et innocents religieux de Pomponne.

1558. — Mort de Louis Courtin. — Celui-ci

laisse, par testament, une grande partie de ses biens à Jeanne Hennequint, laquelle ayant épousé le sire de Conan, fait de ce dernier avec Jean Courtin, les co-seigneurs de Pomponne (1).

Après Jean Courtin, sa fille Marie épouse Pierre Grassien, qui devient ainsi, par son alliance, seigneur de Pomponne.

Pierre Grassien (gendre de J. Courtin.) — 1558.

Pierre Grassien, vicomte de Buzancy, conseiller au Parlement, fonda à Paris le collège dit *des Grassiens*. Cet établissement devait, je ne sais pour quel motif, recevoir gratuitement et de préférence à tous autres, les *écoliers* de la ville de Sens.

En 1559. — Pierre Grassien reçoit foy et hommage, pour la terre de Bordeaux, qui, depuis plusieurs années déjà, était fief de Pomponne.

2 Janvier 1561. — Les seigneurs de Brou lui revendiquent le fief de La Villeneuve-aux-

---

(1) Arch. nationales. Pl. 3. — 974.

Anes. Mais un arrêt du Conseil (1), confirmé plus tard, en 1728, par un autre arrêt royal, établit, d'une façon péremptoire, que, de tout temps, La Villeneuve-aux-Anes a apppartenu à la seigneurie de Pomponne.

Armes : De Gueules à trois lys de jardin posés, deux en chef et un en pointe.

Claude et Pierre de Hacqueville. — 1569.

Claude et Pierre de Hacqueville, cousins germains de Pierre Grassien, s'entendirent avec Antoine de la Boderie, seigneur de Brou, pour acheter la terre de Pomponne.

Plus tard, nous le verrons bientôt, Pierre de Hacqueville étant venu à mourir, Antoine de la Boderie épousa sa veuve et en eut une fille qu'il maria à Robert Arnauld, seigneur d'Andilly.

C'est pendant que Claude et Pierre de Hacqueville étaient seigneurs de Pomponne, que le Bailly de cette localité condamna à mort Maurice Sallouette, le 17 mars 1574. L'arrêt du

(1) Archives nationales, V^r. 405.

Parlement, confirmant cette condamnation, est daté du 23 du même mois.

1571. — Foi et hommage de messire Gérôme de Bragelonne, pour les fiefs des Tournelles, près de Chelles, et de Chessy-en-Brie, avec 400 livres de droits seigneuriaux (1).

Armes : D'argent au chevron de sable chargé de cinq aiglons d'or.

Pierre de Hacqueville (seul). — 1580.

A la mort de Claude de Hacqueville, Pierre de Hacqueville, tout en héritant des droits et privilèges de son frère, n'était encore que co-seigneur de Pomponnne. Une partie de cet immense domaine appartenait en effet, on se le rappelle, au sieur de Conan qui, lui, l'avait reçu de sa mère, Jeanne Hennequint, légataire de Louis Courtin.

De là, des difficultés nombreuses, des usurpations, des revendications, des froissements continuels.

(1) Arch. nat. P³. 1046.

M. de Conan, d'humeur tranquille, et pacifique par nature, consentit, pour terminer tous dissidents, à vendre toute sa part du domaine seigneurial à son co-seigneur.

De cette façon, Pierre de Hacqueville devint seul possesseur et unique seigneur de la terre de Pomponne qui se trouva, par cette adjonction, considérablement agrandie.

Nicolas de Hacqueville. — 1685.

Nicolas de Hacqueville, fils du précédent, agrandit à son tour le domaine seigneurial. Il acheta pour cela une foule de petites propriétés avoisinant le château, en particulier celle de *Menyon* qui était enclavée dans le parc et s'étendait de l'église jusqu'à l'allée de Bordeaux.

Cette allée s'appelait alors la *Rue des Bois;* elle était bordée de maisons très nombreuses et très populeuses. Son annexion à la terre de Pomponne amena la destruction de toutes ces habitations et diminua singulièrement la population du village, auquel elle supprima, le chemin le plus direct, pour se rendre de

Pomponne à Bordeaux, Forest, Monjay, etc.

4 août 1598. — Le roi confirme les arrêts de ses prédécesseurs, établissant une foire à Pomponne, et, vu l'importance de cette foire, ajoute un jour (le lendemain de la Saint-Barthélemy), à ceux déjà accordés précédemment.

14 avril 1604. — Nicolas de Hacqueville fait défense aux moines de Lagny de pêcher dans le *douve* de Pomponne, depuis la « my-mars, jusqu'à la my-avril. »

20 février 1609. — Arrêt du Conseil privé, portant renvoi au Parlement, d'un procès entre Louis Desir, tabellion royal à Pomponne, et Nicolas de Hacqueville, seigneur du dit Pomponne.

Arnauld d'Andilly (Robert). — 1613.

Nicolas de Hacqueville étant mort sans enfant, la seignerie de Pomponne passa, en 1613, à Catherine de la Boderie, sa sœur utérine.

Celle-ci, ayant épousé Robert Arnauld, ce

dernier devint, par son mariage, seigneur de Pomponne (1).

Robert Arnauld était le fils aîné d'Antoine Arnauld, l'avocat fameux dont on n'a pas oublié le plaidoyer si remarquable en faveur de l'université, contre les jésuites. Il naquit à Paris, en 1589. Comme son père, il remplit plusieurs fonctions très importantes à la Cour et se fit estimer surtout, par sa haute intelligence et sa grande intégrité.

En 1617. — Les religieux de Saint-Martin-aux-Bois cèdent le prieuré de Pomponne aux jésuites d'Amiens.

1619. — Le cardinal de Retz permet de célébrer la Sainte Messe dans la chapelle du château. — Cédant aux instances réitérées de Robert Arnauld, le même prélat nomme ensuite à Pomponne un curé qui *portera le nom de vicaire perpétuel, habitera une des dépendances du château*, et prendra, pour les exercices du culte, les heures indiquées par le seigneur.

(1) Archives Nationales, p. 18² — 260

1621. — Robert reçoit foi et hommage de dame d'Hully pour la terre de *Jouy-en-Telles*, au bailliage de Senlis, qui relève de la seigneurie de Pomponne.

1624. — Foi et hommage de madame de Lorraine, abbesse de Chelles, pour le fief de *Bray*, relevant aussi de Pomponne.

1631. — Les Pères jésuites d'Amiens, curés de Pomponne, suivant l'exemple des prieurs leurs prédécesseurs, refusent de reconnaître les droits des seigneurs, et se voient, pour ce motif, intenter plusieurs procès scandaleux.

1620. — On agrandit la place publique où se tient la foire annuelle.

De 1613 à 1632. — Beaucoup de traités ont lieu avec les habitants de Pomponne, pour le passage dans leurs terres des tuyaux de la grande fontaine et du miroir qui l'avoisine.

1645. — Le conseil d'État rend un arrêt en vertu duquel les officiers subalternes ne devront *prendre que des épices modérées*.

2 mai 1651. — Robert obtient du Roi le droit de faire porter l'arquebuse aux receveurs et aux gardes de ses bois et forêts.

13.

Il voit renaître avec messire Imbert les querelles interminables entre les prieurs et les seigneurs de Pomponne. Il a recours, pour établir ses droits et les faire accepter, à l'officialité de Paris. Celle-ci condamne le sieur « Imbert à dire, tous les dimanches, une pre-
» mière messe et à replacer, dans le chœur
» de l'église, le banc du seigneur, qu'il en
» avait ôté, parce qu'il gênait beaucoup les
» cérémonies. »

. . . .

Robert Arnauld parle, dans ses « mémoires »,
« de l'irruption que firent les soldats, lors des
» guerres civiles de 1649 à 1652, dans son
» cabinet de Pomponne d'où ils emportèrent,
» paraît-il, plusieurs pièces aussi impor-
» tantes que riches et curieuses. »

1663. — Reconstruction du château à la place qu'il occupe aujourd'hui; l'ancien Castel était en effet plus rapproché de la mairie, à l'extrémité du parterre actuel.

1664. — Les fossés, dont il reste encore des traces, sont creusés et des ponts-levis construits.

1670. — Le seigneur de Pomponne fait bâtir, contre l'église, une maison pour le maître d'école.

19 août 1672 (1). — Lettres patentes du Roy qui ratifient un échange fait, entre Simon Arnauld, seigneur de Pomponne et François de Cambis, agissant comme administrateur de la Maladrerie de Pomponne.

Arnauld cède à de Cambis une ferme sise au bourg de Chelles, et de Cambis cède à Arnauld les terres, prés, bois et ferme d'*Harmoin*, dépendances de la Maladrerie de Pomponne ainsi que les droits seigneuriaux appartenant à la Maladrerie et il est convenu que « le ser-
» vice divin qui se faisait dans ladite ferme
» d'*Harmoin*, depuis la ruine et la démolition
» de la chapelle de la Maladrerie à raison d'une
» messe par chacune semaine, sera transférée
» dite et célébrée (*sic*) dans l'église paroissiale
» de Pomponne et que les gages et rétribu-
» tions qui devaient être payés pour ladite
» messe, pèseront sur ladite ferme de Chelles. »

---

(1) Arch. nat., sec. judic., V. 1239.

31 Mars 1674 (1). — Dépôt, par Simon Arnauld, seigneur de Pomponne, à la chambre royale et en exécution de l'arrest de ladite chambre du 31 mars 1674, rendu entre lui et M. le Grand vicaire général, les commandants et chevaliers de l'ordre de Notre-Dame du Mont-Carmel et Saint-Lazare de Hiérusalem, *des titres et contrats justificatifs* de la propriété d'une ferme sise au bourg de Chelles, à présent nommée la Maladrerie de Pomponne, échangée entre... (Voir article précédent de la section judiciaire, dont nous venons de donner un extrait analytique.)

Les pièces dont il est ici question, sont au nombre de trente-deux, mais dix d'entre elles ont seules pour nous quelque intérêt, en voici le résumé :

1re 1553. — « Acquisition de ladite ferme,
» vendue sur saisie, par Charles Le Prévost,
» sieur de Granville, conseiller et secrétaire
» du roy et ayeul maternel du seigneur de
» Pomponne. »

(1) Arch. nat., sec. hist., M. 50, N° 4².

24ᵉ. — Bail devant Denier, greffier-tabellion de Pomponne, par Jeanne le Prévost, épouse de Antoine Lefebvre, seigneur de la Boderie.

(Sans date, mais un bail précédent, par la même, est daté de 1600).

27ᵉ. — Bail par messire Robert Arnauld, chevallier, seigneur d'Andilly, *le 19 février 1638*.

31ᵉ de mars 1653. — Bail passé devant Chéron, tabellion de Pomponne, par Mᵉ Noël Colbert, curé de Pomponne, au nom et comme procureur fondé de messire Robert Arnauld, seigneur d'Andilly.

32ᵉ. — Bail par le même, devant Mᵉ Chéron, notaire à Pomponne.

1674. — Etablissement à Lagny d'un hôpital général, auquel est réunie la Maladrerie de Pomponne.

(Voir Maladrerie, page 192).

1674. — Nombreux achats de terres, pour agrandir le domaine seigneurial; destruction de plusieurs maisons pour l'affranchir de tout voisinage.

1675. — Le seigneur de Pomponne oblige les Augustins de la Madeleine, à reconnaître son droit de haute et basse justice dans tout le Monastère ; — il obtient également que les religieux lui mettent, dans leur église et à l'endroit qu'il aura choisi, c'est-à-dire dans le chœur, un banc spécial (1).

Le château entièrement reconstruit, les fossés creusés, Robert Arnauld fait tracer les allées et les avenues du petit parc et des jardins, d'après les dessins de Lenôtre.

Il ordonne ensuite la clôture du grand parc, et, par des travaux considérables, fait capter et amener dans les bassins, aménagés par son ordre, toutes les sources des environs.

Armes : d'Azur au chevron d'or, accorté de deux palmes sur un rocher, le tout d'or.

MARQUISAT (1677)

Simon Arnauld, marquis de Pomponne, connu aussi sous le nom de *Briotte*, naquit en 1618. Il était le fils de Robert Arnauld d'Andilly et le neveu du célèbre Antoine Arnauld, de Port-Royal.

(1) Arch. du Château.

Il fut d'abord employé comme négociateur en Italie où il conclut plusieurs traités.

En 1642, il fut nommé intendant des armées du Roi à Naples et en Catalogne.

En 1662. Il fut entraîné dans la disgrâce de Fouquet, et cela, par les intrigues inqualifiables de Colbert et de Louvois qui redoutaient son incomparable intégrité.

Il passa ce temps d'exil à Verdun et dans sa terre de Pomponne.

Trois ans après, (1665) il fut rappelé à la Cour et envoyé, comme ambassadeur extraordinaire, en Suède. Malgré sa bonne volonté, son jugement droit, son autorité incontestable, il ne sut pas empêcher la Suède d'entrer dans la triple alliance.

De 1669 à 1671, il fut tour à tour ambassadeur en Hollande et en Suède. — Quand le roi dut pourvoir au remplacement de Lionne, il confia à Pomponne le Ministère des affaires étrangères; mais ce fardeau fut trop lourd pour le nouveau ministre, dont tout le monde louait à bon droit l'insigne probité, mais qui ne possédait pas les qualités diplomatiques nécessaires à une si importante fonction.

Il conclut cependant la paix de Nimègue.

Retiré dans dans sa seigneurie de Pomponne, Simon Arnauld employa tout son temps à l'agrandir, à l'enrichir et à l'embellir.

. . . .

Le 5 juin 1676, il sollicite et obtient des pouvoirs publics l'arrêt, dont nous publions ci-après l'analyse. Cet arrêt, comme il sera facile de s'en convaincre, avait pour but d'enclaver l'ancienne route dans le domaine seigneurial, de démolir les maisons longeant le parc et de l'affranchir ainsi de tout voisinage roturier et de toute servitude désagréable.

5 Juin 1676. — Arrêt du conseil qui prescrit l'exécution de l'ordonnance de MM. les Trésoriers de France en faveur de M. de Pomponne, sécrétaire d'État, au sujet du changement du chemin de Pomponne à Lagny (1).

Analyse.

M. de Pomponne avait exposé aux trésoriers « que le chemin de Paris à Lagny

(1) Arch. nat. Z^{1f}. 603, fol. 48.

» passant par Pomponne, estait très incom-
» mode, à cause des divers tours et replis que
» fait le dit chemin, depuis le village jusqu'au
» lieu appelé la *Butte-Jean-Hue* » (1). Il avait
demandé à le changer de place.

Les trésoriers ont alors envoyé « des délé-
» gués qui ont entendu les syndic et échevins
» de Lagny et de Pomponne ».

Ils ont rendu, le 8 mai 1676, une ordonnance qui permettait au suppliant (*sic*) de supprimer « le chemin, sur la longueur de 220 toises, à la
» charge d'en fournir une autre à prendre,
» depuis l'encoignure du jardin du *presbytaire*
» du dit Pomponne, jusqu'au pied de la butte
» Jean-Huë ; de faire paver le dit nouveau
» chemin de la largeur de l'autre et de payer
» de gré à gré, sinon à dire d'experts dont les
» parties conviendront ou qui seront nommés
» par le commissaire à la voirie, les indem-
» nités dues aux particuliers dont il faut
» prendre les terres ou détruire les maisons ».

En 1679, M. de Pomponne fait bâtir, sur

(1) La côte avoisinant la villa Lequin, sur la route de Bordeaux.

la route de Lagny, cette magnifique arcade dont nous avons déjà parlé ailleurs, et qui, partant du mur du parc, allait rejoindre la rue Maquereau, pour suivre ensuite l'allée d'ormes plantés par lui, le long de la Marne.

1681. — L'Archevêque de Paris autorise Simon Arnauld à construire, à côté du château, une chapelle particulière.

3 Mai 1682. — Simon Arnauld achète la terre de Bordeaux pour le prix de 20,100 livres.

7 Juillet 1682. — Louis XIV, se souvenant des mérites de Simon Arnauld et voulant le récompenser de ses loyaux services, érige la terre de Pomponne en marquisat.

Voici, à titre de renseignement, la copie *in extenso* des lettres-patentes, en faveur de Simon Arnauld.

Érection de la terre de Pomponne en marquisat, en faveur de Simon Arnauld, seigneur dudit lieu (1).

Louis, par la grâce de Dieu, roy de France et de Navarre, à tous présens et à venir, salut.

---

(1) Arch. nat. O. 26.

Mettant en considération les grands et recommandables services que notre amé et féal Simon Arnauld, seigneur de Pomponne, nous a rendus et à notre Estat, en plusieurs importants emplois de négociations et ambassades extraordinaires, tant en Suède qu'en Hollande, et en la charge de secrétaire d'Estat et de nos commandements au département des affaires estrangères, Nous avons eu fort agréable la prière qu'il nous a faite, d'ériger en sa faveur, la terre de Pomponne, dont il porte le nom, en tiltre et dignité de marquisat, estant l'une des plus anciennes chastellenies des environs de Paris, et qui est, depuis plus d'un siècle, dans sa famille; de laquelle dépendent plusieurs beaux fiefs, arrière-fiefs et mouvances, et qui, ayant encore été embellie et augmentée par ses soings et par ses acquisitions, se trouve d'autant plus susceptible de cette dignité qu'elle relève immédiatement de nous à une seule foy et hommage, à cause de nostre tour et chasteau de Gournay.

A ces causes, et autres bonnes considérations, de notre grâce spécialle, pleine puissance et authorité royalle, Nous avons, la ditte terre de Chastellenie de Pomponne, circonstances et dépendances, érigé et décoré, érigeons et décorons par ces présentes, signées de nostre main, en nom, tiltre et dignité de *marquisat*. Voulons et nous plaist que tels ils se puisse dire, nommer et qualifier en tous actes, tant en jugement que dehors, et qu'ils jouissent de pareils honneurs, blasons, pouvoirs et prérogatives et prééminences, en fait de guerres, assemblées d'Estat, de noblesse et autrement, ainsy que les autres marquis de nostre royaume, encore qu'ils ne soient cy particulièrement spécifiez; que tous ses vassaux et autres tenants noblement et en roture de la ditte terre, chastellenie et deppendances, le reconnaissent pour marquis, et, sous ce tiltre, lui rendant leurs foy et hommages, bâillent leurs advis, dénombrements et déclarations, les cas y exigeants; que les officiers qui exercent les justices intitulent doresnavant leurs sentences et jugements, sous le mesme nom de marquis de Pomponne, sans toutefois aucune mutation ny changement de ressort ni contraventions aux cas royaux, dont la justice appartient au Prévost de Paris et autres juges, ny que pour raison de laditte érection et changement de tiltre, ceux en faveur desquels Nous les faisons, soient tenus envers Nous et leurs vassaux, aux tenanciers et autres ny plus grands droits que ceux qu'ils doivent à présent, à la charge de relever de Nous, à cause de nostre baronnie de Gournay, à une seule foy et hommage, ainsy qu'il est accoustumé, sans aussi desroger ni préjudicier aux droits et dedvoirs.

Si aucuns sont dubs à autres qu'à nous, ny qu'au deffault d'hoires masles des dits seigneurs de Pomponne, nous puissions ny nos successeurs royaux prétendre ladite terre et chastellenie, circonstances et dépendances debvoir estre unie à nostre domaine, à quoy nous avons, pour egard, dérogé et dérogeons, par ces mesures présentes en faveur, considération, dudit sieur de Pomponne, à la charge toutefois que laditte ligne masculine, venant à défaillir, ladite terre retournerait au mesme estat où elle se trouvait avant la présente érection, sans laquelle condition ledit sieur de Pomponne n'aurait accepté la présente grâce. Si donnons en mandement à nos amés et féaux conseillers et tenant nos cours de Parlement, Chambre des comptes, Prévôt de Paris ou son lieutenant et autres, nos justiciers et officiers, qu'il appartiendra, que ces présentes, nos lettres d'errection, ils facent registrer, et, de leur contenant jouir et user ledit sieur de Pomponne et ses successeurs pleinement, paisiblement et perpétuellement, cessants et faisans cesser tous troubles et empêchements au contraire.

Car tel est nostre plaisir ; et afin que ce soit chose ferme, stable et à tousjours, nous avons fait mestre nostre sceau à ces dittes présentes.

Donné à Sainct-Germain-en-Laye, au mois d'avril, l'an de grâce, mil six cent quatre-vingt-deux et de nostre Reigne le trente-neufviesme. Signé : Louis. Par le Roy : Colbert. Visa : Le Tellier, pour érrection de la terre de Pomponne en marquisat. Cotté, Noblet.

Registrées, ouy le procureur général du Roy pour jouir par l'impétrant et ses enfants nés et à nestre en loyal mariage de leur effet et contenu, et estre exécutées selon leur forme et teneur, suivant l'arrest de ce jour, à Paris, en Parlement, le sept juillet mil six cent quatre-vingt-deux.

. . . .

1683. — Bénédiction de la chapelle du château ; elle est dédiée à Notre-Dame.

Le marquis Simon Arnauld vit en très bonne intelligence avec messire Imbert, curé de Pomponne ; il charge ce dernier de l'achat de plusieurs terres et maisons. Le mandataire s'acquitte fort bien de la mission qui lui a été confiée, et gagne ainsi toute la confiance et l'amitié du seigneur.

1684. — La justice est alors exercée et rendue à Pomponne par un Bailly, un lieutenant-procureur fiscal, un greffier priseur et vendeur et quatre officiers subalternes.

Le droit de potence à trois pilliers existe encore — les piliers, ainsi que nous l'avons dit ailleurs, étaient placés à l'extrémité de l'*Allée de la Justice*, qui, pour cette raison, en a conservé, jusqu'à ce jour, le nom significatif.

1699. — Mort de Simon Arnauld. — Grand deuil à la cour. — Louis XIV fait venir près de lui Henri Arnauld, abbé de Saint-Médard, et, l'embrassant avec effusion, lui dit :

« Vous perdez un père, monsieur l'abbé,
» c'est bien dur, bien cruel; mais ce père, sa-
» chez-le, vous le retrouverez en moi, car dé-
» sormais vous êtes mon fils; mais moi,
» hélas! je perds un ami que je ne retrouve-
» rai jamais. » . . . .

Deux ans après la mort du marquis-ministre, Catherine Ladvocat, sa veuve, s'inspirant des dernières pensées de son cher défunt, fonda un chapelain pour la chapelle du château, du titre de Notre-Dame, ou pour celle, du même nom, qui se trouvait dans l'église paroissiale.

A cet effet, madame de Pomponne légua « une rente de trois cents francs qui sera ser-
» vie à perpétuité pour la célébration d'une
» messe quotidienne, soit dans la chapelle

» du château, soit dans celle de l'église du
» village (1) ».

Le titre de fondation, passé à Pomponne le 31 décembre 1701, puis confirmé deux ans après, par le cardinal de Noailles, est intéressant à plus d'un point de vue ; on nous saura donc gré de le publier ci-après, dans toute sa teneur.

Ce titre, il sera facile de s'en convaincre, en le lisant, établit entre autres choses :

1° La volonté formelle de madame Arnauld de voir souvent célébrer la sainte messe à Pomponne, pour ses chers défunts. Cette volonté est telle, que, par mesure de prudence, et au risque de froisser ses héritiers, elle va jusqu'à hypothéquer le domaine seigneurial pour assurer l'exécution de sa pieuse volonté.

2° Ce n'est que dans le cas, où il n'y aurait pas de prêtre résidant et célébrant à Pomponne, que la rente de trois cents francs devra être servie à l'hospice.

---

(1) En 1733, l'archevêque de Paris réduisit le nombre des messes, à célébrer tous les ans, au chiffre de 128.

3° L'archidiacre doit veiller à l'exécution du legs, et un honoraire lui est assuré pour ce religieux soin.

. . . .

Pomponne ayant été privé de curé pendant plus de quatre-vingts ans, on comprend que les dernières volontés de la testatrice, au sujet des messes *pro defunctis*, n'aient pu recevoir leur exécution.

Mais aujourd'hui que la paroisse a un curé résident (et la chose existe déjà depuis quatre ans), le mode d'exécution du legs nous semble nettement indiqué. — Pour nous, les messes réclamées par madame Simon Arnauld pour elle et les siens, doivent se dire à Pomponne, et l'hospice de Lagny n'a plus aucun droit à recevoir les trois cents francs de la testatrice.

Fondation d'un chapelain pour l'église et le château de Pomponne.

31 décembre 1701. — Par devant les conseillers du roi, notaires au Châtelet de Paris, soussignés.

Fut présente :

Haute et puissante dame, dame Ladvocat, veuve de haut et puissant seigneur, messire Simon Arnauld, chevalier, marquis de Pomponne, sire et baron de Févier et de Chambrasi et Anquinvile, ministre et secrétaire d'État, surintendant général, des postes et relais de France, demeurant en son hôtel, place des Victoires, paroisse Saint-Eustache;

Laquelle a dit que le dit feu seigneur de Pomponne, ayant considéré que le saint sacrifice de la messe était le culte le plus auguste de la religion catholique, et de toutes les prières que l'on fait à Dieu, la plus efficace, et que l'un des plus importants devoirs d'un seigneur temporel était de procurer *à ceux qui sont dans ses terres la connaissance des choses nécessaires au salut;* pénétré d'un mouvement particulier de piété et de charité, il se serait senti porté à faire, par un acte perpétuel, irrévocable, la fondation qui sera faite par le présent contrat, mais que Dieu n'ayant pas permis qu'il l'eût établi de son vivant, ladite dame de Pomponne se trouve obligée, tant pour le respect qu'elle a pour sa mémoire et ses volontés que par sa propre inclination, d'exécuter son intention après son décès, de la même manière que le dit feu seigneur de Pomponne l'aurait fait lui-même, s'il avait vécu jusqu'à ce jour, pour parvenir à l'établissement de cette fondation perpétuelle.

La dite dame de Pomponne a ordonné et ordonne qu'il sera célébré tous les jours de l'année, à perpétuité, à l'intention du dit feu seigneur et de ladite dame sa veuve, de messieurs les marquis et abbé de Pomponne leurs frères, fils de madame la marquise de Torcy, leur fille, de madame Ladvocat, mère de la dite dame, de feu M. l'abbé Arnauld, frère du dit abbé Arnauld, ayant contribué par la présente fondation, comme aussi de l'intention des prédécesseurs et successeurs de la dite terre et marquisat de Pomponne, une messe à voix basse, dans la chapelle qu'il a fait construire et édifier dans l'enclos du château du dit Pomponne, laquelle a été *bénie*, sous l'invocation de la Sainte Vierge, ou dans la chapelle de ladite dame de l'église paroissiale du dit Pomponne; à commencer la dite célébration du *premier janvier mil sept cent-deux*, par un prêtre qui sera choisi par la dite dame de Pomponne de son vivant, et après sa mort, par les dits seigneurs ses fils, leurs successeurs et ayant cause, seigneurs de la dite terre; lequel prêtre sera tenu de résider actuellement et continuellement sur le lieu, pour célébrer personnellement ladite messe et faire les autres fonctions ci-après déclarées, sans néanmoins qu'il puisse être pourvu de la dite chapelle comme d'un titre écclésiastique ou bénéfice perpétuel sujet à la collation de l'ordinaire, mais comme d'une simple commission de messe, et partant, sera révocable à la volonté de la dite dame de Pomponne et après son décès, des dits seigneurs de Pomponne, ses fils, qui pourront le congédier, quand bon leur semblera, en sorte qu'il ne soit besoin d'aucune provision ni formalité pour son institution ou destitution ; le dit chapelain sera tenu et obligé en outre, de faire les petites écoles et d'instruire les enfants de la dite paroisse de Pomponne des préceptes de la foi et des choses nécessaires au salut, étant préalablement approuvé par l'autorité de Monseigneur l'archevêque de Paris, dont il suivra en tout les statuts et règlements ; sera tenu le dit ecclésiastique d'assister en surplis, les jours de dimanche et fêtes, à l'office qui se fait à l'église paroissiale du dit Pomponne, *si le sieur curé le veut ainsi permettre,* sans que pour cela il le puisse regarder comme son vicaire, ni lui demander d'en faire la fonction. Et, pour la subsistance et rétribution du dit ecclésiastique, la dite dame a ordonné et ordonne qu'il lui sera payé la somme de *trois cents livres par an*, en quatre payements égaux, de trois mois en trois mois, dont les premiers trois mois écherront le dernier mars prochain ; à les prendre et percevoir sur les plus clairs revenus de la terre et marquisat de Pomponne, en ce qui appartient à la dite dame, à cause de la communauté qui a été entre le dit feu seigneur son époux et elle et des acquisitions et augmentations qui ont été faites pendant la dite communauté de biens, laquelle rente sera réputée *non rachetable*, foncière, réelle et privilégiée, spécialement affectée et hypothéquée, par préférence à toutes autres charges, ainsi que ladite dame l'a déclaré par ces présentes, *sans qu'aucun des successeurs de ladite terre de Pomponne, à quelque titre que ce puisse être, en puisse disposer par aucun contrat, qu'à la charge et condition expresse, de payer annuellement la dite rente de trois cents livres au dit sieur chapelain, dont l' « acquéreur ou successeur demeureront à perpétuité chargés. »* *Et, afin que les seigneurs et successeurs de la dite terre et marquisat de Pomponne ne puissent se dispenser de tenir le dit prêtre résidant et demeurant au dit lieu de Pomponne, ni s'approprier les dites trois cents livres de rente par an, en supprimant la dite fondation et n'exécutant pas l'intention du dit feu seigneur de Pomponne et de la dite dame sa veuve;* ladite dame de Pomponne a ordonné et ordonne *que la présente fondation sera enregistrée aux registres de l'archidiaconné de Paris, priant monsieur l'archidiacre, dans le cours de ses visites, de visiter la dite chapelle, bâtie dans l'enceinte du dit château de Pomponne et de prendre la peine de s'informer, si les seigneurs de Pomponne satisfont aux conditions ci-dessus et s'ils tiennent la dite chapelle en état convenable pour y célébrer la messe, et s'il y a des ornements nécessaires et en bon état, lesquels seront fournis aux dépens des dits seigneurs de Pomponne, qui seront obligés en outre, de fournir le pain et le vin et le luminaire pour la célébration de la dite messe,* sinon, et en cas d'inexécution, ordonne que les trois cents livres de rente ou ce qui en sera cessé, à proportion du terme qu'il n'y aura pas eu de *prêtre desservant sur les lieux*, et que les conditions ci-dessus n'auront pas été exécutées, soient portées et données à l'hôpital général de Lagny, en considération de ce que ledit hôpital EST OBLIGÉ d'y recevoir en icelui, les pauvres de la paroisse du dit Pomponne *en exécution des arrêts du conseil et lettres patentes de réunion de la ferme de Chelles, qui a été donnée audit hôpital en échange de celle d'Hermoing*, et ce, sur les simples ordonnances du dit sieur archidiacre, à l'effet de quoi, la présente fondation sera engistrée au bureau du dit hôpital général;

auquel sieur archidiacre sera payé par chacun an, pour sa visite, la somme de trois livres par forme de prestation, à prendre sur les revenus de la dite terre et marquisat de Pomponne qui en demeure pareillement chargée, affectée et hypothéquée, ordonnant au surplus la dite dame, que la présente fondation soit gravée sur du marbre qui sera posé dans un lieu éminent de la chapelle de la dite dame, qui est en l'église paroissiale du dit Pomponne, pour y être vue et servir de mémoire à la postérité des intentions du dit seigneur de Pomponne.

Et pour faire insinuer, enregistrer et publier ces présentes partout où besoin sera, la dite dame de Pomponne a fait et constitue son procureur général et spécial le porteur des présentes, auquel elle en donne tous pouvoirs, se réservant néanmoins, la dite dame de Pomponne, tant pour elle que pour les dits seigneurs ses fils, leurs successeurs et ayants cause, de décharger la dite terre et marquisat de Pomponne des dites trois cents livres de rente, en donnant un fond roturier de pareille valeur, que coûtera au moins huit mille livres de principal, à juste valeur et dont l'acquisition sera sûre, quitte de tous droits seigneuriaux, de lots et ventes, même du droit d'amortissement et d'indemnité et de tous droits dont le dit hôpital jouira de la manière qu'il jouirait de la dite rente, *pendant le temps de l'inexecution de la présente fondation.*

Promettant, obligeant et renonçant.

Fait et passé en l'hôtel de Pomponne, le dernier jour de décembre, mil sept cent un. Et a ainsi signé : Catherine Lavocat, avec Dionis et Caillet, notaires, avec parafes.

Le vingt juillet, mil sept cent deux, après midi, est comparue par devant les notaires sousignés, la dite dame de Pomponne, laquelle, après lecture à elle faite du contrat ci-dessus, l'a volontairement ratifié, même en tant que besoin serait de nouveau et d'abondant, réitéré toutes les clauses et conditions portées au dit contrat, ce qui a été, en tant que besoin serait, accepté par les notaires soussignés.

Fait et passé à Paris, en l'hôtel de ladite dame, et a signé, ainsi signé : Catherine Lavocat, Dionis et Caillet, notaires, avec parafes.

L'an mil sept cent quatre-vingt-neuf, le quinze juin, collation des présentes a été faite par les notaires à Paris soussignés, sur leurs minutes étant en la possession de Mᵉ Lherbette, l'un d'eux, comme successeur médiat aux office et pratique de Mᵉ Caillet, ci-devant notaire. Signé : Bourdier et Lherbette.

. . . .

Après la mort de Simon Arnauld et celle de Catherine Ladvocat, sa veuve, dont on vient de lire la pieuse fondation, le domaine seigneurial, avec ses nombreuses dépendances, fut partagé entre les trois enfants du marquis-ministre.

Nicolas Arnauld, l'aîné, garda la terre et le château de Pomponne ; Henry Arnauld, abbé de Saint-Médard, et Catherine-Félicité Arnauld, épouse de Jean Colbert, neveu du grand Colbert, se partagèrent les fiefs très nombreux à cette époque.

Nicolas-Simon Arnauld. — 1699.

Nicolas-Simon Arnauld, nous venons de le dire, était le fils aîné du marquis-ministre.

Brigadier des armées royales, colonel des régiments du Hainaut, lieutenant-général au gouvernement de l'Isle-de-France, Nicolas Arnauld fut un homme de grande valeur, un noble cœur et un esprit très conciliant.

Il vécut constamment en bonne intelligence avec les curés et prieurs de Pomponne.

Il favorisa de tout son pouvoir l'instruction primaire dans notre commune. C'est pour cela, qu'en 1729, il fit bâtir, près de l'église, une école dont il confia *toujours* la direction à des prêtres ou à des religieux. En 1736, il donna à l'église 40 livres de rente, rachetables de 800 livres, pour un service anniversaire et une messe mensuelle.

Il mourut pieusement, en 1737, à l'âge de 75 ans. Il avait épousé, en 1694, Constance de Harville de Palaiseau, de laquelle il eut une fille seulement, Catherine Constance Émilie. Celle-ci s'étant mariée à Jean-Joachim Rouault de Cayeux, marquis de Gamache, ce dernier devint, par sa femme, marquis de Pomponne.

Jean-Joachim Rouault de Cayeux, gendre de Nicolas Arnauld, marquis de Gamaches en Ponthieu, seigneur de Saint-Valéry, maître de camp, etc. (1737.)

1740. — Le Parlement de Paris annule le codicile du testament de Nicolas Arnauld, par lequel il avantageait sa petite-fille, Constance-Simonette-Flore-Gabrielle Rouault. — Par suite de cette décision, M. et madame de Gamaches sont autorisés à jouir librement des biens de la succession.

1745. — Mort de Catherine-Constance-Émilie Arnauld de Pomponne, marquise de Gamaches.

1750. — Les prieurs revendiquent la possession de l'allée, qui, partant de la porte des Sables, allait aboutir à la Marne. — Long et peu édifiant procès à cette occasion.

1751. — Mariage de Marie-Antoinette Rouault de Gamaches avec le marquis de Marmier. — Le contrat, qu'il nous a été donné de consulter aux archives nationales, constitue à l'épouse une dot de 115,000 livres, sous la réserve qu'elle renonce à toute succession directe en faveur de ses deux frères puînés.

1754. — Le frère de défunt Nicolas Arnauld, Charles-H. Arnauld, abbé de Saint-Médard de Soissons, doyen du conseil d'État, chancelier des ordres du Roi, fait réparer et *boiser à neuf*, la chapelle du château. . . . .
. . . .

Le marquis de Gamaches, en mourant, laissait quatre enfants qui se partagèrent les biens de la seigneurie.

1° Charles-Joachim Rouault de Gamaches;

2° Nicolas-Adolphe-Félicité Rouault, comte d'Egreville.

3° Anne-Jean-Baptiste-Emilie Rouault, vicomte de Gamaches.

4° Constance-Simone-Flore-Gabrielle Rouault mariée au vicomte du Rumain.

Après le partage de la succession, qui eut lieu en 1759, la terre et le marquisat de Pomponne furent vendus au marquis de Brou pour la somme de 345,000 livres. — Le domaine seigneurial de Pomponne possédait, à cette époque, les fiefs de :

La Villeneuve-aux-Anes,
La Grange-sous-Montjay,
La Maison-Riche,
Bouqueval,
Luzancy,
Novion,

Grivet, Forest et les deux tiers de la seigneurie de Bordeaux.

Dans le contrat de vente, le preneur est chargé « d'acquitter 300 livres de rente pour la fonda-
» tion de la chapelle, laissées à cette chapelle
» par madame la marquise de Gamaches (de-
» moiselle de Pomponne), mère des vendeurs.
» — Plus, 100 livres de rente à la maîtresse
» d'eschole, pour la fondation de l'eschole des
» filles, et 40 livres annuelles pour la cure et la
» fabrique de Pomponne, pour un service dit
» chaque année pour la marquise Constance de
» Harville, sa mère, veuve de Nicolas Arnauld. »

Armes de J.-Joachim Rouault, marquis de Gamaches : D'argent au chef d'azur.

Antoine-Joseph-Paul Feydeau, marquis de Brou, conseiller du Roi, Maître des requêtes, Intendant de justice, police et finances de la généralité de Rouen. — 1759.

Ce seigneur ne jouit que fort peu de temps de la terre de Pomponne; il mourut en effet en 1763, c'est-à-dire quatre ans après l'acquisition qu'il en avait faite des héritiers de Monsieur le marquis de Gamaches.

Il laissa trois enfants :

1° Charles-Henry de Feydeau, à qui échut le marquisat de Brou ;

2° Antoinette-Pauline, qui épousa le vicomte de Tavannes ;

3° Anne-Justine, mariée au marquis de Maupeou.

A la mort d'Antoine Feydeau, de sérieuses difficultés s'élevèrent entre les héritiers, pour le partage de ses biens. Après de longs pourparlers et un pénible procès qui n'aboutit point, il fut enfin décidé, à l'amiable, que la seigneurie serait divisée en deux lots; que le premier de ces lots, comprenant le marquisat de Brou, appartiendrait à Henry de Feydeau, comme étant l'aîné de la famille, tandis que le second lot, formé du marquisat de Pomponne et de tout le reste du domaine, serait partagé par moitié entre le marquis de Meaupeou et le vicomte de Tavannes.

La part d'Henry fut estimée 408,252 livres, celle réunie de ses deux beaux-frères 408,413 livres.

1767. — Le prieur Foudrier de Boisreveau revendique, comme l'avaient déjà fait ses trois prédécesseurs, les droits du prieuré sur les terres avoisinant le parc et la rue Maquereau, et dont les seigneurs s'étaient, disait-il, emparés injustement.

Le Parlement ne tient aucun compte de la revendication du prieur, et, comme ses prédécesseurs, il se voit condamner à tous les dépens.

Après la mort de Ant.-Joseph Feydeau, le château de Pomponne fut loué à Monsieur de la Varenne, pendant la minorité des enfants du vicomte de Tavannes, héritiers de leur mère, Antoinette-Pauline Feydeau. En 1782, la terre et la seigneurie furent vendues, je ne sais pour quelle somme, à Monsieur Huvelin de Bavillcr.

Armes de Monsieur Antoine-Joseph Feydeau : D'azur au chevron d'or, accompagné de trois coquilles de même.

François-Joseph Huvelin de Bavillier, ancien aide-major des Cent Suisses. — 1782.

Lorsque Monsieur de Bavillier acheta le domaine de Pomponne, le château et les murs du parc étaient dans un état complet de délabrement et de ruine. — Pour faire réparer et restaurer l'un et l'autre, il ne dépensa pas moins de 60,000 livres. Tout le mur, qui va de la Pomponnette à la *Porte des Sables*, fut ainsi relevé par ses soins, et la dépense en fut évaluée à 18,000 livres. Monsieur de Bavillier se proposait d'apporter, au château et à ses dépendances, une foule d'améliorations et d'embellissements, lorsqu'une mort, tout à fait inopinée, vint le surprendre, le 19 mars 1785.

Les héritiers de Monsieur de Bavillier vendirent la propriété dans le courant de l'année à Monsieur Lebas de Courmont.

M. Lebas de Courmont, Régisseur général du Roi, Secrétaire des Commandements du comte d'Artois. — 1785.

Monsieur de Courmont continua les travaux de restauration du château commencés par Monsieur de Bavillier, mais en restreignant considérablement les plans gigantesques que s'était tracés ce dernier. — C'est ainsi qu'il termina sommairement les réparations qui restaient à faire dans le corps de bâtiment du milieu et dans le pavillon de droite, sans toucher à l'aile gauche et à ses dépendances. C'est Monsieur de Courmont qui eut l'idée mauvaise, selon nous, de faire couper par une cloison la grande et belle salle de billard qui se trouvait au premier étage, pour former la petite chambre qui donne aujourd'hui dans la cour d'honneur, et qui est contiguë à la grande pièce prenant jour sur le parterre...

De 1785 à 1792. — Monsieur de Courmont racheta à peu près toutes les terres qui, lors des partages difficultueux entre les héritiers de Monsieur de Feydeau, avaient été vendues ou distraites du domaine de Pomponne.

Il mourut en 1793, laissant la propriété à madame de Courmont, sa veuve; celle-ci la garda jusqu'en 1821, époque à laquelle elle la vendit à Monsieur Louis Dreux.

Armes : D'or au lion de gueules, accompagné de trois pins arrachés, de sinople, posés 2 et 1.

M. Louis Dreux et M. Edouard Dreux, son fils. — 1821.

Lorsque la famille Dreux acheta, en 1821, le château de Pomponne, non seulement les travaux de restauration, commencés par M. de Bavillier et continués par M. de Courmont, n'étaient point terminés, mais la révolution avait ajouté ici comme ailleurs de nombreuses ruines à celles déjà existantes.

M. Louis Dreux fut effrayé par les dépenses à faire et qui, paraît-il, s'élevaient au chiffre respectable de 80,000 francs. Il laissa donc la propriété dans l'état lamentable où il l'avait trouvée, jusqu'au jour où M. Edouard Dreux, son fils, qui voulait habiter Pomponne, l'eut décidé à faire les réparations les plus urgentes.

On commença par relever le pavillon de gauche, qui n'était plus guère qu'un amas de décombres... L'ancien grand salon du rez-de-chaussée fut ensuite coupé dans toute sa longueur, pour former la petite salle à manger encore existante aujourd'hui.

Un escalier de service, parallèle à celui du pavillon de droite, disparut pour faire place à l'office, et les appartements de la dernière marquise de Pomponne furent transformés en cuisine.

M. Edouard Dreux chercha surtout à multiplier les logements; pour cela, il divisa presque toutes les grandes pièces. Après le salon du rez-de-chaussée, ce fut le tour de la chambre prenant jour par deux fenêtres sur le parterre.

. . . .

1830. — Achat de terrain pour l'élargissement de *Rue Vielle*, aujourd'hui rue *Louis Dreux*.

1831. — La possession de l'abreuvoir et des chemins y conduisant, est contestée à M. Dreux par la commune de Pomponne. M. Dreux produit ses titres au Conseil municipal, qui reconnaît aussitôt le mal fondé de ses revendications.

1835. — L'église de Pomponne, restaurée dans sa plus grande partie, est rendue au culte. A cette occasion, M. Dreux fait don à la fabrique de plusieurs tableaux provenant de l'ancienne chapelle du château.

1852. — Après la Révolution de 1789, les jardins potagers et dépendances de l'ancienne ferme, située à droite de l'avenue du Mail, étaient devenus, on ne sait trop comment, une propriété particulière. M. Edouard Dreux la rachète en 1852 dans le but principal d'exonérer le château d'une servitude fort gênante. Cela fait, il détruit la maison de maître et tous les autres bâtiments de la ferme qui avoisinaient le parterre, et, sur ce vaste emplacement, il fait planter le magnifique jardin anglais, qui attire si agréablement le regard de tous ceux qui visitent le parc.

1863. — Les murs, balustres et parapets des fossés du château sont entièrement recons truits. On retrouve dans les anciennes fondations, et juste deux cents ans après qu'elles y ont été déposées, une très grande quantité de médailles, portant toutes le millésime de 1663. Evidemment, ces médailles avaient été placées là, lors de la construction du château ou du moins très peu de temps après ; car le genre de maçonnerie est le même, la taille des pierres est la même : elles indiquent donc, et l'ancienneté et la date à peu près certaine du château actuel.

1869. — Lorsqu'en 1869, l'église, entièrement restaurée, eut été remise dans son état primitif, M. Dreux fit don des trois jolis vitraux que l'on remarque au fond du chœur.

Il donna également les belles stalles en chêne qui garnissent l'avant-chœur et les grilles dorées qui ferment celui-ci du côté de la nef.

1870. — En 1870, nous le dirons plus longuement ailleurs, le château fut constamment occupé par les Allemands, qui en pillèrent les appartements et en dégradèrent considérablement le riche mobilier.

En 1871, M. Dreux fait réparer tous les dégâts

causés durant l'occupation étrangère... Par son ordre, les corps de trente soldats prussiens, décédés à Pomponne et enterrés dans l'avant-cour du château, sont exhumés et transportés au cimetière communal où un mausolée sévère leur a été élevé.

M. E. Dreux, à l'unanimité des votants, est élu maire de la commune.

1874. — La maison d'école étant devenue insuffisante, par suite du grand nombre d'élèves qui la fréquentent, M. Dreux en fait construire une nouvelle, presque tout à ses frais.

L'ancienne école est ensuite aménagée pour servir de logement au garde champêtre.

1878. — M. Dreux est de nouveau élu maire à l'unanimité. Quelques mois après, le 7 août, M. le Ministre de l'Instruction publique lui décerne les palmes académiques.

. . . .

5 septembre. — Mort de M. Dreux. Deuil général à Pomponne et dans les communes environnantes. — Les journaux de toutes nuances rendent hommage au mérite et à la

bienfaisance de l'illustre défunt. Voici, à titre de renseignement, l'article nécrologique qui lui fut consacré dans le *Propagateur de Meaux* :

M. Dreux.

« On ne saurait trop encourager l'instruction
» ni montrer trop de reconnaissance pour ceux
» qui la favorisent. Aussi, regardons-nous
» comme un devoir de signaler, à ce titre, la gé-
» nérosité d'un homme de bien, que la mort
» vient d'enlever à l'affection de sa famille et
» de ses concitoyens.

» M. Dreux, ancien notaire à Paris et posses-
» seur du beau domaine de Pomponne, jouis-
» sait d'une grande fortune dont il savait user
» noblement. Son bonheur était de faire le
» bien et de n'en rien dire ; mais ses bonnes
» œuvres parlaient pour lui, et il serait diffi-
» cile à la commune de Pomponne, dont il
» était le maire, d'oublier ce qu'elle doit à sa
» généreuse bonté.

» Qui n'a remarqué, au sortir de Lagny, cet
» élégant édifice entre cour et jardin, à droite
» du chemin de fer ? Il contient une maison

» d'école et la mairie, et appartient aujourd'hui
» à la commune de Pomponne.

» M. Dreux lui a d'abord donné tout le terrain occupé par cet immeuble ; puis il a payé
» de ses deniers la plus grande partie du prix
» des constructions et le large et confortable
» mobilier les garnissant.

» Heureux ceux qui peuvent et savent faire
» de telles largesses ! Heureux ceux qui les
» inspirent !

» M. Dreux n'est plus, mais son souvenir
» vivra toujours à Pomponne ; on n'oubliera
» pas que sa dernière pensée a encore été pour
» sa chère école et pour les enfants qui la
» fréquentent ; son testament en témoigne.
» Une rente annuelle de 50 francs, faite à la
» commune, sert à récompenser les élèves qui
» se sont le plus signalés par leur travail,
» leur assiduité et leur bonne conduite.

» M. Dreux n'allait pas disant et répétant
» qu'il fallait tout faire pour l'instruction,
» tout faire pour le bien. Non ! il était trop
» sage, trop modeste pour se jeter en avant ;
» mais il faisait mieux, il savait agir. »

A la mort de M. Dreux, le domaine de Pomponne fut administré par madame Dreux, sa veuve. Cette généreuse chrétienne continua les traditions de bienfaisance de son cher époux, en se montrant, comme lui, la Providence de toute notre contrée.

Aussi sa mort, survenue en 1888, fut-elle pleurée comme l'avait été, dix ans auparavant, celle de son mari, et le deuil général dans toute la commune de Pomponne.

Fiefs ayant fait partie de la seigneurie de Pomponne.

La Villeneuve-aux-Anes, près Montjay ;
La Grange,   —   —
La Maison Riche,   près Thorigny ;
Luzancy,   — Idem ;
Novion   — Pomponne ;
Grivet,   — Villevaudé ;
Forest,   — Brou ;
La Platrière,   — Villevaudé ;
Le Gord,   — Chelles ;
Chavigny,   — Vaires ;

Bray,	—	Chelles;
Champlatreux,	—	Pomponne;
Les 2/3 de Bordeaux.	—	Villevaudé.

Fiefs relevant de la seigneurie de Pomponne et lui ayant rendu foi et hommage.

La Cave,	près	Montjay;
La Calandre,	—	Idem;
L'Épine,	—	Vaires;
Les Tournelles,	—	Chelles;
Le Rosay,	—	Montfermeil;
Brésigny,	—	Idem;
Saint-Jubin,	—	MonsGuichet;
Sion,	—	Idem;
Brou,	—	La Madeleine;
Jouy-en-Chelles,	—	Chelles;
La Prairie,	—	Chelles;
La Mothe,	—	La Madeleine.

Disons, pour terminer ces notes sur la seigneurie, que le domaine actuel de Pomponne atteint une superficie de plus de 200 hectares, dont 195 fermés de murs d'une hauteur moyenne de 3 mètres.

CHAPITRE VII

POMPONNE PENDANT L'INVASION DE 1870

La commune de Pomponne eut beaucoup à souffrir de l'invasion allemande. — Sa situation topographique, les nombreuses routes qui la traversent, son voisinage de Lagny, resté de longs mois le quartier-général de l'armée ennemie, la proximité de Paris et des grands centres d'opération, firent bien vite choisir notre localité comme un lieu sûr et commode d'occupation.

Voici, au sujet de cette occupation, les notes intéressantes qu'à bien voulu nous fournir un de nos chers paroissiens, M. Léon Dubarle, ancien magistrat.

Ces notes, je dois le dire, n'étaient pas destinées à la publicité; mais elles m'ont paru si touchantes et si instructives, si éloquentes et si patriotiques que, sans la permission de leur auteur, j'ai voulu les consigner dans cette notice.

Je les livre au lecteur, telles que je les ai reçues; je me garderai bien d'en retrancher une seule phrase ou d'y ajouter un seul mot : j'aurais trop peur d'en affaiblir l'éloquente simplicité.

«Les Prussiens sont arrivés en Seine-et-Marne le 10 septembre au soir. — Les télégrammes, dont je vous donne ci-après la copie, annoncèrent ainsi leur approche aux autorités civiles et militaires de la capitale.

« Meaux, 11 septembre 1870, 6 heures 55 matin ».

» *Sous-Préfet au Ministre de la Guerre et de l'Intérieur.* »

»Prussiens en face de La Ferté, marchent sur Meaux. Je dirige sur Lagny les jeunes gens convoqués ici même, d'après ordre du ministre de l'intérieur.

»Je me replie sur cette ville. Je conduis à Lagny un convoi de poudre et de fusils abandonnés, à destination de Vincennes.

» *Pour copie conforme,*

» *Le Ministre de l'Intérieur* »,

»Léon Gambetta »

« Meaux, 11 septembre, 3 heures 45 soir.

» *Le Sous-Préfet de Meaux à M. le Général Trochu et au Ministre de l'Intérieur.*

» Les Prussiens arrivent par Nanteuil. Général Ryan part ; je pars pour Lagny.

» Télégraphe coupé. »

» Melun 11 septembre, 10 heures 20 soir.

» *Préfet à Ministre de l'Intérieur.*

Je reçois de Sous-Préfet de Meaux la dépêche suivante :

» J'arrive à Lagny. — Prussiens sont autour
» de Meaux, — en forces à Crécy. »

« Noisy-le-Sec, 14 septembre 10 heures 25 soir.

» *Contre-Amiral Saisset à Vice-Amiral Commandant en chef et au Gouverneur de Paris.*

» Tant que le jour a duré, l'armée ennemie a continué son mouvement sur notre droite vers Avron, à 2,000 mètres du fort de Noisy, en occupant successivement le village de Bondy et les bouquets de bois qui limitent la plaine. »

» Il résulte de ces dépêches, que l'arrivée des Allemands dans notre cher Pomponne, a dû avoir lieu dans la journée du 14 septembre. A leur approche, tous les habitants du quartier du Clocher ont pris la fuite ; quelques-uns se sont réfugiés dans les bois avec leurs bestiaux, instruments de travail, un peu de linge et de nourriture; puis, bientôt tout le monde s'est éloigné en prenant la route de Paris.

» Il y a eu, entre le départ des dernières troupes françaises et l'arrivée des hordes ennemies, une période d'émotion et d'épouvante indicibles, un véritable affolement. M. l'abbé Cousin, notre curé, qui habitait Lagny et qui y est resté pendant toute la durée de l'invasion, m'a raconté depuis, qu'étant allé à Pomponne-Clocher, très peu de temps avant l'arrivée des Prussiens, il avait trouvé les maisons abandonnées, toutes les portes ouvertes, un silence lugubre et des chiens errants dans les rues désolées du village.

» A Paris, les réfugiés de Pomponne et de Lagny se sont retrouvés et groupés ; une caisse de secours a été constituée, et je me rappelle avoir pu assister, le 20 octobre, à une réunion des habitants réfugiés, réunion annoncée par les journaux et qui s'est tenue en plein air. — Personne n'avait de nouvelles et les bruits les plus alarmants et les plus contradictoires se propageaient; on annonçait notamment l'incendie du château de Pomponne.

» Les réfugiés n'ont pas été heureux à Paris ; ils ont souffert naturellement des privations communes, et, en outre, les maladies, la petite vérole surtout, firent parmi eux de très grands ravages.

. . . .

» Pendant la guerre, Pomponne-Clocher a été continuellement occupé par les Allemands. Il était compris dans les dernières lignes de l'armée assiégeant Paris, tandis que Pomponne-Madeleine (1), Thorigny et Lagny faisaient partie d'un autre commandement militaire.

(1) A la Madeleine, les appareils du télégraphe, sous la direction d'un colonel prussien, étaient établis en face de la gare, dans la maison contiguë à celle de madame Jarnet. Le service de la poste aux lettres se faisait à la gare même.

La poste aux chevaux était, rue de Marne, dans la maison Roussel, alors abandonnée par les frères Klein.

Le service des ambulances était, 8, quai Bizot, sous la direction d'une dame de la haute noblesse.

La Commandantur (Intendance) avait ses bureaux, *Villa Decœur*, rue de Marne 4, 6 et 8 ; ces bureaux, ouverts jour et nuit, étaient administrés par un colonel, auquel son teint et sa bonne nature avaient fait donner le surnom de Père Chocolat. — Presque tous les employés étaient des avocats ou des avoués de Breslau parlant fort bien le français.

La maison Poinsignon, située 12, rue de Marne, était occupée par le trésorier-général (un baron), et par le distributeur en chef des subsistances militaires.

Les magasins d'approvisionnement étaient situés le long de la voie. — (Notes de M. Decœur, administrateur de la commune de Pomponne pendant l'occupation étrangère.)

Les deux ponts qui relient Pomponne à Lagny, ayant été détruits pour la défense nationale, les Allemands, dès leur arrivée, construisirent une passerelle à 100 mètres

» *Le Post,* c'est-à-dire un poste militaire, ou corps-de-garde, qui commandait la route, était établi dans notre maison (1). Il y a été maintenu jusque dans les premiers jours de décembre. — A cette époque, après la bataille de Champigny, l'encombrement des blessés était tel, que de grandes ambulances ont été établies à Pomponne. — Notre maison, le château de Monsieur Dreux, la villa Goret furent alors transformés en hôpital, pendant que nos cuisines servaient de buanderies générales.

» *Le Post* fut alors transporté dans la maison habitée aujourd'hui par Monsieur Cortier — jusqu'à quelle époque? Je ne me le rappelle pas exactement, mais en mars, on y voyait encore un détachement.

en amont de la rue du Chemin-de-Fer. Ce fut là, pendant tout le temps que dura l'occupation, le seul passage accessible aux voitures qui voulaient se rendre de l'une à l'autre rive. Les piétons avaient une passerelle plus étroite, jetée sur l'arche du pont de fer, restée debout, malgré la mine. Cette passerelle, construite par nos ennemis, fut bien vite nommé *la passerelle prussienne*. La paix conclue, cette passerelle fut mise à l'adjudication et achetée par un négociant patriote qui en brûla ensuite tous les matériaux.

(1) Le Prieuré, villa située près de l'Église.

» Un pont de bateaux avait été jeté sur la Marne à la hauteur, un peu en aval, du passage à niveau qui fait face à la corroirie Barrande, à l'angle Est de notre parc. — J'ai entendu dire souvent qu'un ou deux canons de siège, passant sur le pont, ayant basculé, étaient tombés dans la Marne d'où ils n'ont jamais été retirés. Les Allemands ont complètement démoli le mur de notre pré, qui borde le chemin du passage à niveau, et se sont servis des matériaux pour remblayer et ferrer le chemin donnant accès au pont de bateaux dont je viens de parler.

» L'ambulance établie dans notre maison était une ambulance saxonne, et un drapeau saxon que j'ai encore vu en mars, flottait sur le toit, attaché à la flèche qui fait face à Lagny. — Pour l'y assujettir, les ornements de cette flèche avaient été brisés, comme vous pouvez le voir encore, — la flèche ayant été, par mes ordres, laissée dans l'état où l'avait mise l'ennemi.

» L'église a été complètement respectée par la protection des autorités saxonnes, et l'abbé Cousin, qui me donne ces détails dans une lettre du 5 février 1871, ajoute qu'il a pu y dire, sans être le moins du monde inquiété, la sainte messe tous les dimanches.

» En dehors de ces points, je ne puis vous donner aucun détail sur ce qui s'est passé à *Pomponne-Clocher* pendant la guerre. — Ma vieille grand'mère, âgée de 90 ans, avait dû fuir à l'approche des Prussiens, pour se retirer précipitamment, chez ma sœur, à Dreux. — Notre jardinier s'était réfugié à Paris ; quant à l'aide-jardinier, il est allé mourir de vieillesse à l'hospice de Lagny.

» Lorsque j'ai pu aller moi-même à Pomponne, le 4 mars, j'ai dû me rendre à pied de Paris à Bondy, tête de ligne des chemins de fer allemands. L'ambulance occupait toujours notre maison ; tout le rez-de-chaussée était transformé en une immense salle d'hôpital remplie de lits en fer. — Le premier étage était occupé par le personnel, qui m'a paru assez nombreux.

» Je n'oublierai jamais ma rentrée dans ces lieux où, si peu de temps auparavant, j'avais vu mourir mon père. — Le temps était radieux ; toutes les grilles ouvertes permettaient un facile accès : pas de sentinelle ; l'ennemi, sûr de sa force et de notre faiblesse, était tranquille ; j'entrai par la grille du côté de Lagny. — Sur la terrasse, autour d'une vaste table de jardin en fer, dix à douze officiers de tous grades buvaient joyeusement de la bière. Ils étaient chez eux, et moi, j'étais en terre ennemie !

» Je me suis approché, et, leur adressant la parole en allemand, j'ai dû leur demander l'autorisation de parcourir les jardins et la maison. Ils se sont d'abord montrés convenables, de cette politesse raide et froide des officiers allemands ; ils m'ont même offert un verre de bière, que j'ai naturellement refusé, et m'ont accordé toute liberté d'aller et de venir. — Je commençai immédiatement ma triste inspection. — A peine m'étais-je éloigné que j'entendis un pas lourd qui semblait emboîter le mien. Me retournant, j'aperçus un officier supérieur, gros, court, rouge, la figure enluminée et l'air furieux, qui me suivait en grommelant. J'avais déjà remarqué, à la table des officiers, ses gestes et ses regards emportés; mais il ne m'avait rien dit, et ses collègues l'avaient calmé. — J'allai ainsi jusqu'au fond de la basse-cour, toujours suivi à un mètre de distance à peine par cet enragé, dont je sentais l'haleine dans le cou, et qui criait : « *Ich bin der Besitzer, das will der Krieg.* » (C'est moi le propriétaire; c'est la guerre.)

» La place n'était pas tenable; je dus partir tout de suite, sans avoir rien dit, sentant ainsi peser bien lourdement la botte du vainqueur, et obligé de dévorer en silence ses insolences et ma rage.

» Ce personnage à moitié ivre, brutal et lâche était, je l'ai su le lendemain, un médecin militaire saxon, de grade élevé.

» J'allai immédiatement me plaindre au médecin en chef du corps d'armée, installé dans la maison devenue la propriété de M. Lequin; je ne le trouvai pas et je couchai à l'auberge.

» Le lendemain matin, je regagnai Paris par

le train de huit heures ; je trouvai à la gare (et ce trait peint bien nos vainqueurs et leur sévère discipline) un sous-officier allemand qui venait m'apporter les excuses des autres officiers, témoins de la scène de la veille. Comme vous le pensez bien, je le reçus d'assez mauvaise humeur : « C'est hier, lui dis-je, qu'il aurait fallu agir. » — « Hier, répondit-il, ce n'était pas possible, *il était le chef*, on ne pouvait rien dire. »

» Tel fut mon retour à Pomponne ; je vous le raconte malgré son peu d'importance et pour vous préciser un peu la triste situation où nous nous trouvions tous.

» L'ambulance fut levée peu de temps après, vers le 5 ou 10 mars, et Pomponne fut alors occupé par deux escadrons du 1ᵉʳ régiment de hussards de Hesse n° 13, dont l'état-major était à Brou.

» Les hussards partirent le 16 mai, mais furent remplacés immédiatement par 800 hommes du 88ᵉ régiment d'infanterie, lesquels partirent à leur tour le 26 mai.

» Le village continua néanmoins à être occupé par des détachements plus ou moins nombreux, et cela, jusqu'au 25 septembre 1871.

» Malgré l'amnistie et la paix, les Allemands continuèrent à accabler de vexations et de réquisitions notre cher Pomponne ; c'est ainsi qu'en juin 1871, nous devions encore fournir chaque jour, à la *commandantur*, 12 bougies, du bois, du foin et de la paille, alors que nous savions tous que généralement ces injustes réquisitions étaient revendues par nos ennemis, qui d'ailleurs ne manquaient absolument de rien.

» Cependant, ce triste état de chose ne tarda pas à s'améliorer peu à peu. A partir du mois d'août, les soldats allemands furent logés chez les habitants, et ils se montrèrent dès lors, pour la plupart, discrets et convenables.

» Nous étions revenus habiter Pomponne, et la discipline était si sévère, à cette époque, qu'aucun des cinq soldats que nous logions, n'a touché aux légumes et aux
» fruits du jardin. Ils venaient quelquefois

à la cuisine, demandant à en acheter, et, sur notre refus, ils partaient sans mot dire. Je me rappelle avoir un jour, à la demande de M. Dreux, fait une verte semonce à des soldats qui sortaient du parc du château en sautant par-dessus le mur; au lieu de chercher à s'excuser, ils s'éloignèrent en baissant la tête.

» Depuis le départ de l'ambulance, je retournai plusieurs fois à Pomponne, en mars, en mai et juin. Chaque fois, je vous l'ai dit, je trouvais la maison occupée par nos ennemis, 25 hussards et 25 chevaux en mars et avril, jusqu'au 16 mai, 25 hommes d'infanterie ensuite, puis 5 hommes, jusqu'au 25 septembre.

» Nous ne pûmes rentrer définitivement au prieuré qu'à la fin de juin; et lorsque j'y ramenai ma vieille grand'mère, le 1er juillet, il n'y avait qu'un lit pour elle, et nous, nous avons dû alors coucher par terre, sur des matelas rapportés de Paris.

» Je ne vous raconterai pas dans quel état j'ai retrouvé notre maison; mon récit vous paraîtrait peut-être invraisemblable.

» Le mobilier de nos deux maisons avait entièrement disparu ; les glaces avaient été brisées à coups de fusil ou de sabre, la statue de sainte Véronique avait été brisée à coups de révolver et les débris gisaient tristement à terre. Presque partout, les portes et les persiennes avaient été enlevées.

» Pour tout dire en un mot, il ne restait plus que les murs et les planchers.

Je sais qu'on a attribué les actes de vandalisme dont je viens de vous parler, aux francs-tireurs et aux Français.

» Qu'avant l'arrivée des Allemands, des soldats français aient pénétré à Pomponne, dans quelques maisons abandonnées, c'est possible, c'est même probable ; qu'ils aient fait quelques visites à la cave, dans la basse-cour, c'est possible encore et parfaitement vraisemblable ; mais le pillage complet, la destruction brutale, imbécile, inutile, tout cela doit être, d'après moi, attribué aux seuls Allemands, et je pourrais d'ailleurs, je puis donner des preuves de mon affirmation.

» Nous avons eu assez de faiblesse et

commis assez de fautes pendant l'année terrible, pour ne pas accepter celles qui sont le fait de nos ennemis.

» Ce qui explique ou excuse un peu les légendes qui se sont répandues à Pomponne et que je voudrais bien détruire, parce qu'elles sont contraires à la vérité, c'est qu'il s'est produit dans l'esprit populaire un phénomène presque naturel :

» On s'attendait à tout de l'ennemi ; on ne lui a pas su trop mauvais gré de ce qu'il faisait ; au contraire, on lui savait presque bon gré de ce qu'il ne faisait pas, tandis qu'on en a voulu avec passion aux pauvres francs-tireurs, jusque dans leurs exigences les plus légitimes.

. . . .

» Encore quelques détails qui intéressent notre région et qui dépeignent, comme ils le méritent, nos ennemis, toujours si sévères dans leur jugement à notre endroit.

» Après l'amnistie, Lagny et Pomponne ont été envahis par une foule de prostituées, accourues de toutes parts, pour charmer les loisirs des officiers, et ceux-ci, il faut le dire, ont donné à nos populations un bien triste exemple de leur moralité.

. . . .

» Pendant la Commune, les Allemands ont facilité, de toute manière, le ravitaillement des fédérés. J'ai vu moi-même d'immenses troupeaux de bœufs se dirigeant, au commencement de mai, sur la ville de Paris, et le chef de gare m'a raconté avoir reçu, un jour, des autorités allemandes, une réquisition pour expédier sur Pantin un train spécial de bestiaux. Vous savez quelle a été leur joie insolente au moment de l'agonie de la Commune. L'abbé Cousin m'a dit avoir vu plusieurs maisons, habitées par des Allemands, brillamment illuminées pendant l'incendie de notre pauvre capitale.

. . . .

» Pour finir, un dernier trait qui consolera notre patriotisme :

» M. le curé de Pomponne s'était trouvé en relation avec l'aumônier en chef du corps d'armée wurtemburgeois. Il le rencontra quelques jours après la bataille de Champigny. Celui-ci accourut à lui, tout ému, et, levant les bras au ciel, il s'écria, ne sachant pas du tout parler le français : *Magna calamitas! Nostra divisio, dimidia perditio.*

» Ayons au moins le sentiment et la joie d'avoir chèrement vendu notre défaite.

» Tels sont, monsieur le curé, les renseignement que je peux vous donner. Ils sont bien incomplets, bien peu importants aussi, surtout au point de vue général, et d'un caractère tout personnel. Mais j'ai tenu à vous dire tout ce que je savais, et à vous mettre ainsi à même de connaître, dans des détails bien obscurs, une page de l'histoire du Prieuré, dont les habitants ont pour leur curé autant d'estime que d'affection. »

CHAPITRE VIII

POMPONNE ACTUEL

Le village de Pomponne, nous l'avons dit au commencement de cette notice, se compose de trois quartiers bien distincts : *Pomponne-Madeleine, Pomponne-Clocher* et *Pomponne-les-Bois.*

La Madeleine, située tout près de la gare de Lagny, n'est séparée de cette ville que par la rivière, que traversent, à cet endroit, le *Pont de fer* et le *Pont neuf*. — C'est l'agglomération la plus considérable et la plus populeuse de notre commune. Elle comprend *les rues de Marne, de la Gare, de la Madeleine, E. Gaudineau,* — *les quais Bizot et E. Gaudineau*, et ne compte pas moins de quatre cents habitants. En dehors de deux cultivateurs vignerons et de dix ou douze rentiers, la population de la Madeleine se compose tout entière de négociants, commerçants, industriels, fabricants et d'employés de bureaux à la Compagnie de l'Est.

La Madeleine est réunie à *Pomponne-Clocher* par la Rue nationale, bordée à droite, par les parcs Chabaneaux, Dumez et par de nombreuses et fort jolies maisons bourgeoises; à gauche, par la voie ferrée (Ligne de Paris à Avricourt).

Pomponne-le-Clocher, bien que moins important que *Pomponne-Madeleine*, est, à cause surtout de sa situation presque centrale, le chef-lieu de la commune. C'est aussi, comme le nom l'indique, le chef-lieu de la paroisse. — C'est le quartier paisible et tranquille par excellence. — Une douzaine de châtelains, bourgeois ou rentiers, l'habitent une partie de l'année. — Le reste de la population se compose de quelques commerçants et de cultivateurs, tous propriétaires de belles maisons et de riches vignobles. — *La rue de Paris*, qui traverse, dans toute sa longueur, Pomponne-Clocher, conduit, en obliquant à droite et en longeant le Parc Dumez, à *Pomponne-les-Bois*.

Pomponne-les-Bois ou La Pomponnette.

Cette partie de notre commune, éloignée de près de 2 kilomètres *du clocher*, est absolument moderne. Elle se compose d'un fort joli château Louis XV, des villas Montgeon, Beaudouin, Fournier, Chapon, Pérard et d'une vingtaine de châlets ou maisons bourgeoises. — L'histoire de Pomponne-les-Bois ne remonte pas au-delà de 1850. — A cette époque, M. Caroujat, propriétaire de presque tout le bois, eut l'excellente idée de diviser sa vaste propriété en de nombreux lots, coupés par de larges avenues, et de faire ensuite, pour attirer les acquéreurs, beaucoup de publicité. — Cette heureuse tentative, que nous voudrions voir se renouveler, pour l'extension de notre chère paroisse et la prospérité matérielle de la commune, réussit aussi bien que possible.

Un certain nombre d'étrangers, la plupart parisiens, séduits par la beauté du site, le voisinage de la Marne, la proximité de Paris et l'espérance de voir se construire une halte à Vaires, résolurent de se fixer à *La Pomponnette*.

C'est alors que l'on construisit toutes les gracieuses maisons que nous voyons aujourd'hui et dont le nombre se serait certainement bien vite accru, si la gare promise avait été faite et si les propriétaires, aidés de l'administration locale, avaient fait, comme M. Caroujat, beaucoup de réclame et de publicité.

A propos de réclames, voici, à titre de modèles et de renseignements historiques locaux, copie de la notice imprimée sur le plan de lotissement dont nous venons de parler.

« *Pomponne-les-Bois*

» A vendre à l'amiable quelques parties de
» terrains magnifiquement boisés, propres à

» la construction de maisons de campagne et
» à la création de parcs et jardins.

» Le bois de Pomponne est bordé par la
» grand'route de Paris à Strasbourg, par le
» chemin de fer et par la Marne.

» Site admirable, à l'abri des grandes eaux,
» exempt d'usine ; air salubre, ombrages sé-
» culaires, communications fréquentes et
» rapides avec Paris par Chelles et Lagny.
» Restaurant au centre du village.

» Le service divin est célébré tous les di-
» manches et fêtes dans la chapelle élevée
» au centre du bois, par les soins du comité
» directeur.

» De nombreuses maisons sont déjà cons-
» truites, d'autres s'élèvent rapidement.

» Sept kilomètres de belles avenues, dont
» la majeure partie carrossables, sillonnent le
» bois en tous sens. »

La chapelle, dont parle la notice qu'on vient de lire, fut bâtie en 1862, sur un terrain de 1.200 mètres, gracieusement offert à cet effet par M. Caroujat. La dépense que nécessita la construction de ce petit édifice ne dépassa pas

5000 francs. Cette somme fut couverte par le produit d'une souscription faite à La Pomponnette. Les travaux de décors, les vitraux, ornements sacrés, cloches, prie-Dieu, etc., furent offerts également par de pieux habitants du Bois.

L'évêque de Meaux, assisté des ecclésiastiques de tout le canton de Lagny et d'une foule considérable de fidèles, vint lui-même, en 1863, bénir cette chapelle qui avait protégé la naissance de la Pomponnette, et devait, selon nous, aider puissamment à son développement même matériel, mais que la municipalité (1) ne crut pas utile ou politique de conserver sur son territoire.

(1) Le 12 décembre 1880, l'autorité municipale prenait, en effet, un arrêté, en vertu duquel la chapelle de La Pomponnette devait être démolie et vendue.

Cet arrêté, que les réparations à faire ne justifiaient pas assez, ce semble, a reçu sa triste exécution le 23 juin 1881. — Le produit de la vente a atteint le misérable chiffre de 305 francs que l'on a employés à la restauration d'une route.

Constitution géologique.

Le territoire de Pomponne, d'une superficie de 727 hectares, fait partie de la région, désignée généralement par les géologues sous le nom de *bassin de Paris*, c'est-à-dire que les terrains qui le composent appartiennent à la formation des terrains tertiaires et reposent sur un vaste dépôt de craie, recouvert d'une couche épaisse d'argile plastique.

Cours d'eau.

La commune de Pomponne est baignée au sud, dans toute sa longueur, par la Marne (1) qui sépare ainsi notre territoire, de Lagny et de Saint-Thibault-des-Vignes.

(1) En latin *Matrona*, et au moyen âge *Materna*, la Mère. Ce nom lui fut sans doute donné par la reconnaissance des habitants dont elle fécondait les terres, et à qui elle donnait tous les moyens de commerce, par la navigation.

Cette belle rivière, si souvent chantée par les poètes et plus souvent encore illustrée par les peintres et les artistes, est aussi bien connue des canotiers de Paris et de la banlieue qui, tous les dimanches d'été, viennent visiter Pomponne et Lagny.

Large, profonde, canalisée sur de grands parcours, la Marne rend les plus grands services à la batellerie. C'est par centaines qu'il faudrait compter tous les chalands, bateaux, navires de tous genres et de toutes dimensions, qui sillonnent sans cesse notre rivière.

Les deux Ponts.

Pomponne est relié à Lagny par deux ponts. Le premier de ces ponts est appelé *le pont de fer*, sans doute, parce que, sauf ses arcatures, il est entièrement construit avec du bois? — C'est le plus rapproché de la gare ; il fait suite à la rue de Marne, rive droite, pour aboutir à la rue du Chemin-de-Fer, rive gauche. Il a été construit en 1855, sur l'emplacement du pont des Moulins.

Le deuxième pont est en pierre ; il se trouve à l'extrémité du quai Bizeau, c'est-à-dire à 400 mètres environ du Pont-de-Fer. Comme ce dernier, il est à trois arches. Il a été bâti en 1850, lors de la construction de la voie ferrée de Paris à Avricourt et pour faire passer, d'une rive à l'autre, la route nationale n° 34, dont le tracé venait d'être modifié par les ingénieurs de la compagnie de l'Est.

C'est une œuvre d'art qui a nécessité des travaux considérables, si l'on en juge par les remblais qu'il a fallu établir pour son établissement, dans la vallée assez large et assez profonde en cet endroit.

Les terrassements furent exécutés, m'a-t-on dit, par des ouvriers des chantiers nationaux que l'on payait à raison de deux francs par jour.

En 1870, le service de la Défense nationale jugea nécessaire de faire sauter nos deux ponts. Mais le pont de fer ne fut détruit qu'en partie : l'arche du côté de la gare s'affaissa seulement sans se rompre, dans la Marne, entraînant la moitié de l'arche du milieu, tandis que le pont de pierre fut entièrement détruit ; les piles seules furent épargnées par la mine et ne subirent pas la moindre dégradation.

En 1872, le pont de pierre fut reconstruit sur le modèle de celui de 1850. Ce fut ensuite le tour du pont de fer. Il est vraiment fâcheux qu'on n'ait pas profité de cette occasion pour le cintrer et pour remplacer par un béton ou macadam bien résistant, son plancher glissant et d'un entretien si dispendieux.

Port de Pomponne.

Le Port de Pomponne a été creusé et construit par la marine en 1873. Il fait face à la rue de Marne et se trouve ainsi à peu près à égale distance des deux ponts. Il occupe l'emplacement de l'ancien abreuvoir de Pomponne, plus connu sous le nom d'*Anse de Pomponne*.

Ce port, que la commune aurait dû construire elle-même, afin de s'y assurer des droits tout en s'y créant des ressources, est exclusivement réservé à l'industrie du sable et du gravier.

Ce genre de commerce, qui a pris, depuis plusieurs années, une grande extension dans nos contrées, a, ici plus qu'ailleurs, une foule d'inconvénients, que connaissent bien tous les habitants du *quai* Bizeau, mais contre lesquels ils protestent inutilement depuis plus de dix ans.

Sans parler de la difficulté réelle qu'il y a, à certaines heures, de pouvoir circuler librement avec une voiture sur le quai, à cause des nombreux tombereaux qui stationnent pour le chargement ; — sans parler des tas de sable qui s'élèvent quelquefois jusqu'au premier étage des maisons et que des ouvriers diligents et railleurs vannent et travaillent à partir de 3 heures, au grand déplaisir des dormeurs ; — indépendamment de la poussière constante qu'amènent, dans tous les appartements, ces matinales et quotidiennes opérations, il y a pour la commune, qui, d'ailleurs, ne touche aucun droit de place, l'impossibilité de voir se construire, au Parc Decœur, divisé en lots, aucune nouvelle maison bourgeoise, mais par contre, grande chance de voir déserter peu à peu celles qui s'y trouvent aujourd'hui.

Chemin de fer de l'Est. — Gare de Lagny-Thorigny-Pomponne.

La gare desservant Pomponne est celle de Lagny. Elle se trouve sur la rive droite de la Marne, à 27 kil. de Paris, 17 de Meaux et à quelques mètres seulement de Pomponne-Madeleine (1).

C'est grâce à cette proximité, et pour répondre au vœu du conseil municipal et de son intelligent et dévoué maire, que, l'an dernier, la compagnie de l'Est a décidé que le nom de Pomponne serait désormais ajouté à ceux de Lagny et Thorigny pour être appelé comme eux, par les agents de la gare, à l'arrivée de tous les trains.

Omnibus et Poste aux chevaux.

A trois cents mètres de la gare, au n° 14 de la rue de Marne, à Pomponne, se trouve la

(1) Une partie du quai d'embarquement pour Meaux, se trouve sur le territoire de Pomponne.

poste aux chevaux, dirigée par M. Roussel. C'est un établissement de premier ordre où on est toujours sûr de trouver, à toutes heures du jour et de la nuit, chevaux et voitures à des prix très modérés. (Plus de vingt coupés, autant de victorias, et une centaine de chevaux, sont destinés à cet important service.)

M. Roussel possède également, pour la desserte [des communes environnantes, un service complet d'omnibus très bien organisé et subventionné par la Compagnie. C'est ainsi que Montévrain, Chessy, Chalifert, Chigny, Chanteloup, Jossigny, Villeneuve-Saint-Denis, Villeneuve-le-Comte, Guermantes, Bussy-St-Georges, Bussy-St-Martin, Ferrières, Annet, Claye, Fresnes, Précy et Charmentray sont reliés à la gare de Lagny-Thorigny-Pomponne.

Messagers.

Deux messagers, dont l'un a ses bureaux à *l'hôtel Garbil,* font, tous les jours, le service de Paris à Pomponne, et desservent ainsi toutes les communes situées sur la grand'route nationale de Paris à Lagny.

Foire.

Il est difficile de préciser l'époque exacte où une foire fut établie à Pomponne.

M. Dumez, propriétaire du château, possède, dans ses archives, un bail conclu à l'occasion de cette foire et daté de 1535, ainsi qu'un décret royal de 1598 qui en confirme l'exercice en autorisant un jour de plus à ceux déjà accordés. Ce jour est le lendemain de la Saint-Barthélemy.

Cette foire se tenait sur la place du Mail, aujourd'hui la place Centrale; mais comme elle devenait d'année en année plus importante, on dut la transférer en un endroit plus spacieux et réserver la place pour les jongleurs et petits marchands. Aujourd'hui la foire de Pomponne a perdu beaucoup de son importance; elle n'a plus lieu qu'une seule fois par an, le 29 août, et une journée suffit amplement aux transactions qui s'y opèrent encore.

Industrie et commerce.

Indépendamment de la foire annuelle dont nous venons de parler, et de tous les commerçants et industriels que comptent généralement les communes de quelque importance, tels que bouchers, charcutiers, épiciers, aubergistes, restaurateurs, charrons, menuisiers, maçons, forgerons, cordonniers, etc., etc., Pomponne possède quelques usines et fabriques occupant un grand nombre d'ouvriers et faisant un commerce considérable.

Nous citerons en premier lieu l'usine à gaz, alimentant les communes de Lagny, de Pomponne et de Thorigny.

Elle se trouve dans le quartier de la Madeleine, sur le quai Eugène-Gaudineau. Elle est pourvue de plusieurs gazomètres et ne fabrique pas moins de 300,000 mètres cubes de gaz par an. Elle a pour propriétaire M. Duris et pour gérant M. A. Noël.

Deux grandes corroiries, l'une appartenant à M. Ant. Coste qui la dirige lui-même, l'autre appartenant à M. Braille fils et dirigée par M. Murger, occupent plus de cent ouvriers, pendant que quatre fabriques de corsets donnent du travail à une soixantaine de jeunes filles de Pomponne et des environs.

Pomponne possède encore une grande brasserie de cidre, un entrepôt de vin, un vaste atelier de serrurerie, une fabrique d'étuis à lunettes, une fabrique de sandales; autant d'industries qui procurent un travail honnête à notre localité et y maintiennent l'aisance ou y apportent la prospérité (1).

Bienfaisance.

Pomponne possède un bureau de bienfaisance constitué par des libéralités que nous sommes heureux de rappeler.

Il a été donné ou légué aux pauvres de Pomponne :

Par la famille Arnauld......	100	francs.
Par Monsieur E. Dreux......	300	—
Par Madame Dreux.........	300	—
Par divers autres bienfaiteurs dont nous n'avons pu nous procurer les noms...............	325	—
Soit une rente annuelle de...	1035	francs.

(1) Le produit des patentes dans la commune de Pomponne atteint presque le chiffre de 4,000 francs;

La contribution foncière, celui de 6,337 francs.

Châteaux et villas.

Outre ses nombreuses villas, dont quelques-unes méritent une mention, la commune de Pomponne possède trois châteaux : Le château de *Pomponne-Clocher*, le château de *Chaalis* et le château de *La Pomponnette*.

Le château de *Pomponne-Clocher* est situé à droite de la grand'route de Paris, à 200 mètres environ de l'église paroissiale.

Bâti en 1649, non loin de l'emplacement qu'occupait jadis le vieux manoir de Jehan de Pomponne, il domine par sa position toute la vallée de la Marne, dans la direction de Lagny, et une bonne partie de la ville elle-même.

C'est un monument sans grand style, remarquable surtout à cause des souvenirs qui s'y rattachent et des hautes et puissantes personnalités qui s'y sont succédé.

<small>Le centime y valait en 1884 107,73.
Le budget de la commune va de 17 à 18 mille francs.
(V^r rapport au ministre de l'intérieur, sur la situation financière des communes.)</small>

Il faut reconnaître cependant que la cour d'honneur, avec les communs qui la bordent, a quelque chose de sévère, de saisissant et de grandiose tout à la fois.

Par suite des changements réitérés de ses propriétaires, le château, le parc et les jardins dessinés par Le Nôtre, ont subi bon nombre de transformations qu'indique très bien l'inventaire du domaine fait en 1756 à la mort de madame la marquise Constance de Harville, veuve de Nicolas-Simon Arnauld.

Voici ce que nous apprend cet inventaire qui, comme on le verra, forme l'historique du château aussi bien que la description détaillée de tout ce qui l'avoisine et le compose.

Nous respecterons autant que possible la forme littéraire de cette curieuse pièce, que nous devons encore à l'obligeance de M. Dumez.

A droite de l'entrée du château, par la place centrale, sous l'endroit même où se trouve le potager actuel, il y avait un vaste boulingrin.

L'avant-cour et la cour d'honneur, désignée sous le nom « *de cour verte* », étaient telles que nous les voyons aujourd'hui. Mais elles étaient précédées, à gauche et à droite de la grande grille, de deux petites loges, destinées aux gardes suisses.

« A gauche, derrière la rangée d'ormes, se
» trouvait un mur qui rejoignait le pavillon en
» retour du bâtiment du milieu. »

De chaque côté, à l'angle, près du demi-cercle formé par les arbres dont nous venons de parler, un grand aigle de pierre, aux ailes déployées, était posé sur un piedestal.

Du côté du parterre, comme l'indique très bien une vieille estampe, conservée chez M. Dumez, deux petites tourelles terminées en cul-de-lampe, à la hauteur du premier étage, étaient adossées à chacune des extrémités du château et lui donnaient un aspect aussi sévère que pittoresque. Ces tourelles servaient en même temps de cabinet de toilette à chacune des chambres qui leur était contiguë.

Derrière l'aile droite de la cour verte, sur l'emplacement des jardins potagers actuels, se trouvaient les bâtiments de la ferme. C'est là, au premier étage, que logeait une bonne partie des gardes et des valets seigneuriaux.

L'aile gauche, habitée actuellement par M. le Régisseur et les autres employés du château, s'appelait jadis *l'aile de la Conciergerie.* La partie voisine de l'allée *du Mail* était alors réservée aux écuries et remises, tandis que l'autre partie servait d'appartements pour les bains.

Ces appartements étaient aussi confortablement meublés qu'intelligemment disposés, eu égard à leur destination; ils se composaient d'un superbe salon dont les murs étaient ornés de peintures et de tableaux du plus grand prix (1); à côté du salon, se trouvaient plusieurs salles de bains avec leurs baignoires en faïence bleue, devenues, paraît-il, fort rares aujourd'hui, puis, contiguës à ces salles, les chambres et cabinets de repos.

La chapelle dédiée, comme nous l'avons déjà dit, à *Notre-Dame,* se trouvait à l'extrémité de l'aile droite, tout près du petit *Jardin*

---

(1) Quelques-uns de ces tableaux, portant la signature des grands maîtres, fort bien conservés d'ailleurs, ornent maintenant les galeries du château.

de la Cloche, appelé à cette époque le *Jardin des Sonnettes.*

Elle avait son entrée par la cour d'honneur, et était suffisamment vaste pour contenir cinquante personnes. « Carrelée de marbre,
» elle était plafonnée en calotte et éclairée par
» deux vitraux représentant, l'un, l'Assomption
» de la Très Sainte Vierge et l'autre, saint
» Louis, roi de France.

» Un grand marche-pied de deux marches,
» avec frise en bois de rapport, sur une
» grande plate-forme en parquet de menui-
» serie, un coffre d'autel carré avec gradins.
» Au-dessus, un retable en menuiserie avec
» quatre colonnes d'ordre ionique à canne-
» lures, dont les filets et ornements étaient
» dorés. — Sur les murs, un lambris en bois
» de chêne, de sept pieds de haut.

» A droite, un renfoncement formait une
» place particulière réservée au seigneur, et
« séparée de la nef par une balustrade d'ap-
» pui, également en bois de chêne.

» L'ouverture de ce renfoncement était
» composée de quatre colonnes pareilles à

» celle du retable. Le parquet était formé de
» bois de différentes couleurs et du plus gra-
» cieux effet. »

De chaque côté, était une porte : celle de droite conduisait à une sacristie, prise à côté du renfoncement, et éclairée sur la cour de la ferme, par un vitrail de fort bon goût.

Près de la porte d'entrée principale, était un petit bénitier en marbre blanc, élégamment taillé en forme de coquille.

De nombreux tableaux, dont quelques-uns ont été donnés par M. Dreux à notre église, décoraient jadis les murs de cette chapelle. — Tous les objets destinés au culte étaient luxueux, et ils étaient complaisamment prêtés, les jours de fêtes, à l'église paroissiale, qui ne possédait, à cette époque, que des ornements très pauvres ou en assez mauvais état.

. . . .

Si les dépendances du château ont subi de profondes modifications ; si quelques-unes, comme la chapelle, le beffroi de l'aile droite, etc., ont même entièrement disparu, on peut dire que le château lui-même n'a subi, pour ainsi dire, aucun changement *essentiel*.

Le vestibule est absolument dans le même état que sous le marquis-ministre. Le salon seul, situé à gauche, a été divisé en deux pièces, dont la plus petite sert maintenant de salle à manger.

Ce qui caractérisait surtout ce salon, avant sa regrettable mutilation, c'étaient son riche décor, ses grandioses proportions et, surtout, les superbes boiseries toutes rechampies d'or, qu'on y admirait. — « L'étoffe *du meuble* », dit l'inventaire, dont nous respectons toujours, autant que possible, la description parfois primitive, « était en ve-
» lours d'Utrecht souci garni de velours plein
» bleu. »

Cette belle pièce renfermait douze portraits, tous de la famille Arnauld.

Entre ce grand salon et l'entrée de la cuisine actuelle, on voyait un escalier parallèle à celui de l'aile droite, et aboutissant au premier étage, à l'endroit même où se trouve un cabinet de toilette.

Cet escalier, comme aussi celui de l'aile

droite, s'ouvrait sur *la Cour verte* ou *Cour d'Honneur*.

Premier étage. — A gauche du grand escalier, était le salon éclairé par quatre fenêtres, dont deux donnant sur la cour d'honneur et les deux autres sur le parterre.

. . . .

. Le passage conduisant à la grande chambre, ainsi que la petite pièce qui lui fait vis-à-vis, n'existaient pas autrefois. — Ce fut M. de Courmont qui fit établir l'un et l'autre, nous le dirons plus tard, lorsqu'il eut la malencontreuse idée de partager en deux la grande salle de billard.

Cette dernière pièce, peut-être la plus remarquable de tout le château, était ornée des portraits de toutes les familles qui s'étaient succédé à Pomponne. — Le portrait de Louis XIV faisait aussi partie de cette riche et curieuse collection. — Il occupait naturellement la plus belle place, au-dessus de la cheminée.

La grande chambre ayant vue sur le parterre et appelée autrefois chambre d'*Henri IV*, parce qu'elle renfermait un portrait de ce roi, n'a subi aucune modification essentielle ; il n'y manque que le cabinet de toilette, qui se trouvait dans la tourelle, depuis longtemps détruite.

Le lit de cette chambre avait six pieds de largeur ; ce meuble était recouvert de damas de soie blanche, à bandes de tapisserie, le tout doublé de satin bleu avec le chiffre du marquis, brodé en chenille.

Les murs étaient enrichis d'anciennes tapisseries de Flandre, représentant le siège de Troie. Au-dessus de la cheminée, un portrait de famille sans désignation, et en face, dans le grand panneau, le portrait en pied de la reine de Suède, présent de cette princesse à Simon Arnauld, quand il était ambassadeur de France à la cour de Stockholm.

A droite du grand escalier, on entrait, par le corridor actuel, dans une grande chambre semblable à celle du côté gauche, et éclairée par deux fenêtres, donnant sur le parterre. Près de la cheminée, le passage qui conduit maintenant au salon existait déjà. Cette pièce était nommée *chambre grenade*, parce qu'elle était meublée d'une étoffe appelée *damas de Grenade*, rose, avec franges mélangées de fils d'or et d'argent.

Une tapisserie de Flandre couvrait les murs. Au-dessus de la cheminée, qui est devenue celle du petit salon actuel, il y avait un portrait de famille, comme il y en avait d'ailleurs dans presque toutes les chambres du château.

Dans le pavillon en retour, sur la cour d'honneur, la chambre ayant vue sur cette cour et sur la partie du parc appelée alors le *Mail*, était celle de madame de Maupeou, fille de Joseph Feydeau, marquis de Brou et dernier marquis de Pomponne. Les tapisseries en toile de coton blanc étaient brodées de bouquets de soie, et doublées de taffetas feuille-morte.

Second étage. — A droite du grand escalier, les deux chambres que l'on voit maintenant n'en formaient qu'une seule désignée alors sous le nom de *chambre de M. Harville.*

A gauche de l'escalier il y avait trois chambres : la première était celle de M. de Gamaches ; la seconde à côté, celle de madame de Gamaches ; la troisième portait le nom de mademoiselle de Tourempré, qui l'avait longtemps habitée.

Quant à la chambre du pavillon, elle est appelée, dans l'inventaire, *chambre de M. Joli.*

Ces divers appartements étaient tous tendus de tapisserie de Bergame et les meubles recouverts d'étoffe de soie.

Jardin et parc. — Le jardin, et le parc ou parterre, dessinés par Le Nôtre, s'étendaient à l'est, au nord et à l'ouest du château.

Le parterre, dont la plus grande partie est encore existante, allait à cette époque jusqu'au *Grimpet* et longeait ainsi la route de Pomponne à Lagny, depuis l'église jusqu'à la mairie. Il était divisé en trois parties soutenues, du côté de la Marne, par des murs de terrasse à hauteur d'appui.

La première partie, celle située près du château, formait deux tapis de gazon, avec plates-bandes de fleurs alentour, comme on le voit encore maintenant ; mais au milieu de ces gazons, il y avait des jets d'eau qui sont depuis longtemps détruits.

Un peu au delà, on voyait deux perrons séparés par une allée transversale, terminée elle-même aux deux extrémités, en forme de croissant. Ces perrons conduisaient à un boulingrin, divisé à son tour, en deux grands carrés de gazon, avec plates-bandes tout autour. Au delà de la petite grille, le tracé de ces perrons demi-circulaires est encore aujourd'hui très facile à reconnaître.

Plus loin, dans la direction de Lagny, la pièce d'eau dite *Le Miroir*, ainsi nommée à cause de sa forme et de son emplacement, était, elle aussi, entièrement bordée de gazon et entourée d'une allée de charmilles dont il ne reste plus la moindre trace.

Cette partie du jardin était terminée par une esplanade circulaire, à laquelle on parvenait par deux rampes douces en forme de fer à cheval.

La seconde partie du parc, nommée *Le Petit Parc*, était séparée du grand parc par une allée et une contre-allée plantées d'une double rangée d'arbres, et s'étendant, depuis la grande esplanade, (avant cour d'honneur) jusqu'à la *porte de Bordeaux* (1).

Ce petit parc se composait de massifs coupés d'allées aboutissant à un même point, d'où l'on apercevait dix percées.

C'est dans ce parc, et près du château, que se trouvait l'orangerie ainsi que le logement du jardinier, avec cour et jardin particulier.

Il est à présumer qu'on avait utilisé les bâtiments de la propriété Noblet, achetée par Simon Arnauld.

L'espace compris, entre cette orangerie et l'aile renfermant les communs, s'appelait *Le Mail*.

Le grand parc s'étendait vers l'occident; il était coupé par de grandes allées. Celle en face du château se prolongeait, comme aujourd'hui, jusqu'à la route de Paris, après avoir tourné *le Rondeau*, pièce d'eau fort poissonneuse à cette époque.

(1) Cette allée s'appelait autrefois la rue des Bois et elle était bordée à droite et à gauche d'une trentaine de maisons achetées par les seigneurs et détruites par eux.

D'autres allées se réunissaient, vers le nord, à un rond-point nommé l'*Étoile*. Ce gracieux carrefour formait une vaste salle de verdure. Il était situé un peu plus au nord, dans la direction du parasol de l'allée de la Justice.

Son emplacement est encore aujourd'hui parfaitement visible et reconnaissable. . .

Telles sont les notes que nous avons pu recueillir sur l'ancien château de Pomponne-Clocher; M. Dumez, son propriétaire, travaille à lui rendre sa physionomie primitive; les travaux déjà commencés s'exécutent, et se continuent, sous la direction intelligente de M. Saint-Ange, un des architectes les plus distingués de la capitale.

Château de La Pomponnette.

De construction récente (1863), *La Pomponnette* est plutôt un pavillon Louis XV qu'un véritable château.

Cette propriété fut créée par M. Leclaire, au moment du morcellement des *bois de Pomponne*, et appartint successivement à deux autres propriétaires qui aménagèrent confortablement l'intérieur, le décorèrent de tapisseries, meubles anciens, etc., tout en agrandissant la superficie des serres et jardins potagers.

La Pomponnette devint en 1884 la propriété de M. Legouey, négociant à Paris, qui en a fait sa résidence d'été.

Château de Chaalis.

Commencé en 1882, achevé en 1885, le château de Chaalis est du plus pur style Louis XIII. — Il a été construit sur les plans de M. Durville, architecte à Paris, et appartient à M. Arthur Bacot, agent de change et président de la fabrique de Pomponne. Le joli parc qui l'entoure, qui n'a pas moins de 90 hectares de superficie, était jadis la propriété de madame la baronne de Domsy.

L'édifice est en briques et pierres de taille. L'escalier principal, avec son balustre carré, attire surtout l'attention ; car il a réellement quelque chose de grandiose et d'imposant. Le carrelage du vestibule est en mosaïque italienne du plus gracieux effet. Les salons, salles à manger et appartements sont tous aussi richement meublés qu'artistement décorés.

Le château est pourvu d'eau potable par une citerne, de la contenance de 50 mètres cubes. Celle-ci est alimentée par une source intarissable, découverte en haut de la propriété.

Deux puits fournissent l'eau nécessaire aux communs et aux jardins. Le premier, d'une profondeur de 30 mètres, est surmonté d'une noria au manège mu par un cheval. C'est le système employé en Algérie et dont les colons disent tous le plus grand bien. Le second, d'une profondeur de 25 mètres, est surmonté d'un moulin à vent sorti des ateliers de M. Bollé, constructeur au Mans. Ce moulin fort ingénieux, et qu'on prendrait de loin pour un sémaphore, monte l'eau par trois corps de pompes superposés et la refoule ensuite sur un plan incliné d'une longueur de plus de cinq cents mètres, dans un immense réservoir situé au-dessus du potager.

Le château de Chaalis, avec son grand parc, ses maisons de gardes en forme de chalets suisses, et ses nombreuses dépendances, est évalué à une somme de plus de deux millions. — Hâtons-nous de dire que son généreux propriétaire ne se sert de sa belle fortune que pour faire le bien dans toute notre région.

Le Prieuré.

L'ancien Prieuré, dont nous avons fait ailleurs une description assez étendue, a cessé, depuis longtemps, d'être la demeure des curés de Pomponne. Vendu par l'État en 1794, il devint en 1818 la propriété de M. Sakoski, qui, lui-même, le revendit en 1825 à M. Dubarle, grand-père du propriétaire actuel. M. Pierre-Eugène Dubarle restaura entièrement la maison en 1861, et en fit ainsi une des plus jolies villas de notre commune.

Il serait cependant fort difficile d'indiquer à quel style proprement dit appartient cette gracieuse et confortable demeure.

Quant au parc de cinq hectares qui entoure l'habitation, il n'est personne, qui, en passant en chemin de fer à Pomponne, n'en ait admiré le charme. Grands arbres, dont plusieurs deux fois séculaires, massifs, bosquets, vallons, ruisseaux, cascades, ponts suspendus, perspectives bien ménagées, pieuses statues, fontaine miraculeuse, etc., etc., tout est ici réuni pour charmer le regard, consoler le cœur et embaumer l'âme des plus doux et des plus religieux souvenirs.

Le Prieuré appartient aujourd'hui à MM. Léon Dubarle et P. Bonnet, deux anciens magistrats aussi intelligents que chrétiens.

Villa L. Gaudineau.

De style Louis XIII, la *Villa Gaudineau* a été bâtie en 1885, sur les plans et sous la direction de M. Delaporte, officier d'Académie et architecte à Lagny-sur-Marne.

Elle a sa façade principale du côté de la Marne, sur le quai *Eugène Gaudineau*, et jouit, par sa situation, du magnifique paysage qu'offrent au regard les ravissants coteaux qui entourent ou dominent notre ville cantonale.

La distribution de la maison est aussi heureuse que confortable. Elle comprend d'abord de spacieux sous-sols, dont une partie est destinée aux réservoirs des salles de bains ; un rez-de-chaussée avec un vaste vestibule desservant; salon, salle à manger, cabinets de travail, office, cuisine, le tout ayant accès sur des jardins bien dessinés, par un perron monumental garni d'une rampe en fer forgé.

Le premier et le second étage possèdent chacun quatre chambres très richement meublées.

Cette somptueuse demeure, qui attire si agréablement l'attention, lorsque l'on arrive de Paris à la gare par le chemin de fer de l'Est, est la propriété de M. Gaudineau, chevalier de la Légion d'honneur, ancien président du tribunal de commerce de la Seine et bienfaiteur insigne de toute notre contrée (1).

Villa Garet.

La villa Garet est de style Renaissance. Avec ses communs, ses serres et toutes ses autres dépendances, elle occupe une bonne partie de l'ancien potager du château de Pomponne. Son emplacement et son parc, d'une

---

(1) La commune de Pomponne reconnaissante a donné, dernièrement, à un de ses quais et à une de ses rues le nom du regretté fils de M. Gaudineau.

superficie de plus de quatre hectares, furent achetés le 1ᵉʳ thermidor an XII de la République (1804), par M. Cheddeville, grand-père maternel du propriétaire actuel. C'est là, avec les matériaux de l'ancienne grange des dîmes, que l'on construisit la première maison. L'ayant reconnue insuffisante et peu logeable, M. Jean Garet la fit remplacer, en 1848, par une maison bourgeoise qu'il agrandit encore en 1859, et que M. Louis Garet, son fils, a si intelligemment terminée en 1878, sous la direction de M. Roger, architecte à Paris.

Ce qui fait surtout le charme de la villa Garet, c'est le petit lac devant lequel elle est bâtie et où elle semble se mirer; ensuite, les grands arbres qui l'ombragent si délicieusement en lui formant comme une couronne, pleine de fraîcheur et de poésie.

Villa des Acacias.

La villa des *Acacias* a été construite en 1866, sur l'emplacement d'une petite maison bourgeoise, par M. Bezançon, ingénieur civil à Paris.

En 1871, cette propriété, dont la superficie n'est pas moindre de quatre hectares, passa tout entière entre les mains de M. Oliveti, commissionnaire en diamants, lequel la revendit en 1881, après l'avoir beaucoup embellie, à M. Ed. Lequin, chevalier de la Légion d'honneur et maire actuel de Pomponne.

La villa des Acacias est une des plus agréablement situées de toute notre commune; c'est aussi une des plus richement installées.

De la terrasse algérienne qui forme comme une aile de l'habitation, on jouit d'un panorama splendide. La vue s'étend, en effet, sans aucun obstacle, depuis les coteaux de Chalifert jusqu'aux collines de Champs et de Noisy-le-Grand ; devant soi, on a la Marne qui baigne timidement la prairie et dont on suit le cours sinueux jusqu'au delà de Noisiel; plus près, la voie ferrée où passent et repassent plus de cent trains tous les jours; plus près encore, la grande route nationale, bordée d'arbres d'une belle venue, et sans cesse sillonnée par de brillants équipages.

A gauche, les coquets villages de Chessy, de Montévrain; à droite, Rentilly avec son château Renaissance, Torcy avec sa flèche élancée, et en face, comme pour fermer le rideau, Lagny avec ses belles maisons blanches, bâties en amphithéâtre, et Saint-Thibault avec son vieux clocher.

Rien ne manque au tableau, et, selon moi, la villa des Acacias eût été mieux nommée la villa de Bellevue.

. . . .

Parmi les autres villas remarquables de la commune de Pomponne, citons encore la *Villa Decœur*, située sur l'emplacement des Jardins et dépendances du monastère de Saint-Augustin; la villa Chabaneaux, bâtie en grande partie avec les matériaux provenant de la maladrerie, au milieu d'un parc de plus de 10 hectares; les villas Beaudouin, Montgeon, Thibault, Fournier, de la Renaissance, etc., etc.

APPENDICE

VISITES DE L'ARCHIDIACRE DE PARIS A L'ÉGLISE DE POMPONNE. — SES RAPPORTS A CE SUJET.

EXTRAITS DES REGISTRES PAROISSIAUX.

CATALOGUE DES CURÉS ET PRIEURS, LISTES DES MAIRES, INSTITUTEURS ET NOTABLES DE LA COMMUNE DE POMPONNE.

Cursus visitationis domini D..... archidiaconi Parisiensis in anno Domini 1641. Fol. 18 verso (1).

Du dit jour [1ᵉʳ mai]. Ponponne.

Visitata fuit ecclesia sancti Petri.
Sacrata bene disposita, fontes nitidi reperti.

(1) Archives nationales, LL, 23.

Curatus magister Firminus Bernart.

Cappellanus magister Franciscus Le Manuel.

— Obstetrix nulla.

Seur la plainte à nous faite par monsieur le curé que ung certain paroissien nommé..... ne s'estoit aquité du devoir de parroissien il y a longtemps, quoyque il y ait persuadé et fait persuadé, veu qui demeure dans son obstination, à vous ordonne qui sera assiné par devant monsieur l'official de Paris, pour y repondre et déclerer quelle religion il veut tenir.

Du dit jour [15 mai 1642] (1).

Visitata fuit ecclesia sancti Petri.
Sacrata bene disposita, fontes nitidi.
Curatus magister Firminus Bernart.
Cappellanus magister Franciscus Le Manuel.

Du mesme jour (2) [20 mai 1643]. Ponponne.

Mêmes observations qu'en 1642.

Du dit jour [13 avril 1644] (3). Ponpone.

(1) Arch. nat. Fol. 26 verso.
(2) Arch. nat. Fol. 58 verso.
(3) Arch. nat. Fol. 63 recto.

Visitata fuit ecclesia sancti Petri.

Sacrata bene disposita, fontes nitidi reperti.

Curatus magister Firminus Bernard.

Cappellanus magister Paumard.

Sur la plainte faite par monsieur le curé que le cappelain (qui) célèbre la sainte messe dans son église sans luy avoir montré les lettres et permissions, nous avons ordonné qu'il les montrera dans dimenche prochein audit sieur curé, si mieux ne ayme les faire voir à monsieur le doien, faute de quoy, il lui sera fait défence de célébrer la messe.

Du dit jour [7 juillet 1645]. Ponponne (1).

[Après avoir déclaré que l'église est en bon état, le visiteur ajoute] :

« Mestre Firmin Bernard, curé du dit lieu de Ponponne, nous affait plainte que les nommez Jean Buchet et Toussaient Detouches, ses parroissiens, n'auroist satisfait au devoir de bons chrestiens, de la réception du St Sacrement en sa parroisse, aynsin que tous bons parroissiens sont obligés, à la feste de Pasques

---

(1) Fol. 78 verso.

et que, depuis il les auroit advertis de y satisfaire, et ne y ont satisfait de présent. De laquelle denontiassion il nous a requis acte pour sa descharge, ce que luy avons acordé. »

Années 1648 à 1651 inclus (1).

[Les visites eurent lieu à Pomponne les 15 juillet 1648, 10 juillet 1649, 4 mai 1650 et 28 avril 1651, et chaque fois le visiteur fait les observations suivantes] :

Sacramenta bene disposita.
Curatus M. Firminus Bernard.
Matricularius nullus.

[Ces visites se trouvent fol. 3 recto, 20 recto, 31 verso et 47 recto.]

Années 1672-1673 (2).

Ce samedy 30 avril 1672.

Pompone.
Patron, saint Pierre.

(1) LL. 24.
(2) Fol. 15 verso.

M. Jean Dimbert, curé, présant, diocèse de Limoge.

M. Charles du Castel, établi dans le lieu depuis 6 ans; il fait les petites écholes.

Il n'y a pas de maîtresse d'escholes.

Il y a près de huit cent comunians.

La visite du St Sacrement, des saintes Huiles, les fonds batismaux, les registres de batesme, mariage, mortuaire, le tout décemment trouvé.

La sage fame absente, malade. A été ordonné que les catéchismes se feront tous les dimanches.

Il y a plusieurs personnes pour la confirmation.

Et ont signé :

DIMBERT.

Archives de Seine-et-Marne. — Extrait des registres paroissiaux (1668-1792).

16 octobre 1668. — A été baptisée Charlotte, fille de messire Arnault de Pomponne, née à Paris le 3 avril 1665.

14 septembre 1682. — Inhumation dans la chapelle Sainte-Véronique, de Paul-Augustin, âgé de 7 ans, fils de Simon Arnault, de Pomponne.

25 décembre 1683. — Inhumation dans l'église, du corps de Jacques Fleury, sieur de Rochebrune.

4 janvier 1684. — Décès de Le Maître de Sacy (V. page 25).

23 décembre 1696. — Mariage de Claude Vignon, médecin du Roi.

12 juillet 1700, hautes et puissantes dames Constance de Harville de Palaiseau, marquise de Pomponne, et Anne-Madeleine de Marillac, comtesse de La Fayette, assistent à un mariage. (GG. 1 à 6. Registre).

8 mars 1702. — Mariage de François Hannier, avocat du Roi au baillage de Meaux.

1768. — Mention d'une dispense, accordée par le Pape, en date des Ides de Juin et autorisant un mariage à un degré prohibé.

12 octobre 1774. — Mariage de Guillaume-François de Gourgue, président du Parlement de Paris.

23 décembre 1775. — Inhumation de dame Jeanne Delamoy, veuve de Éléonord Prieur, lieutenant des chasses de la varenne du Louvre.

17 mai 1784. — Inhumation de Laurent Gillet, notaire royal au grenier à sel.

Dans le même registre de 1784, il est dit que M. de Bavilliers, seigneur de Pomponne, a distribué, le 2 janvier, 2,000 fagots aux pauvres et fait habiller 13 enfants indigents. Il y est aussi fait mention d'un grand débordement de la Marne, survenu le 27 février. — Les eaux de la rivière vinrent alors battre, jusqu'aux murs du parc, où elles atteignirent un pied et demi de hauteur.

Catalogue des Curés, Prieurs, Vicaires, Aumôniers et Religieux Augustins de Pomponne.

1182 Guillaume, curé et prieur.

1197 Richard, curé, prieur et supérieur de la Léproserie.

1367 Noel Hubert, curé et prieur.

. . . .

1463 Leilfult, curé et prieur.

1506 Guy Beaudreux, curé et prieur.

1517 Sourdat, curé et prieur.

1530 Mre Pierre Palmier, archevêque de Vienne, prieur.

1558 Dimbert, curé et prieur.

1608 Du Val, curé et prieur.

1558 Losier, vicaire.

1640 Bernard, curé et prieur.

1648 Noël Colbert, curé et prieur.

1677 Jean Dimbert, curé et prieur.

1680 Fébricon, curé et prieur.

1690 Grault, curé et prieur.

1694 Déclet, curé et prieur.

1694 Charpentier, aumônier du château.

1695 Thiringue, curé et prieur.

1695 Frère Simon Pepin, supérieur des Religieux Augustins.

1727 A. d'Appougny, curé et prieur.
Dupied, vicaire.

1729 Vincent Estienne, desservant.

1731 Hicky, vicaire.
Fr. Donjan, religieux Augustin.
Levier, aumônier du château.

1736 Denesse, curé et prieur.

1744 Maynaud de la Tour, curé et prieur.

» Jarnel, curé et prieur.

1745 Morin, vicaire.

1768 Foudrier de Boivreaux, curé et prieur, docteur en théologie.

1770 Papin, curé et prieur.

1770 Fr. Robin, religieux Augustin.

1776 Gérard Homo, curé et prieur. Chanoine régulier.

1793 Getz.

. . . .

1846 à 1858 MM. Jaunet et Tournus, curés de Thorigny.

1859 Lapoule, vicaire de Lagny et curé de Pomponne.

1861 Denis, vicaire de Lagny et curé de Pomponne.

1864 Desoyer, vicaire de Lagny et curé de Pomponne.

1873 Cousin, vicaire de Lagny et curé de Pomponne.

1876 Goin, curé de Thorigny.

1886-1887 Anglard, curé résident.

1887 Richard, curé résident.

Liste des Maires de la commune de Pomponne depuis la Révolution.

1790-1808 Michel Benoist,
1808-1825 Martin Jean-Baptiste Le Prieur;
1825-1870 Claude Alexis Fouffé,
1870-1871 Louis Decœur et Auguste Grostête, administrateurs,
1871-1878 Louis Edouard Dreux,
1878-1888 Louis Jean Goret,
1888. . . Edouard Lequin, chevalier de la Légion d'honneur.

Liste des Instituteurs qui se sont succédé dans la commune de Pomponne.

1726-1729 De Bray, Pierre, maître d'école, pas de titre.

1729-1733 Ferreau Charles, maître d'école, pas de titre.

1733-1737 De Brye Jacques, maître d'école, pas de titre.

1737-1738 Jumelet, maître d'école, pas de titre.

1738-1739 Bria Pierre, maître d'école, pas de titre.

1739-1742 Pottier Jean, recteur d'école, pas de titre.

1742-1748 Lantenois François, maître d'école, pas de titre.

1748-1753 Duverger, maître d'école, pas de titre.

1753-1755 Macret Louis, maître d'école, pas de titre.

1755-1767 Frappé, maître d'école, pas de titre.

1767-1773 Dubray, Noel-Etienne, maître d'école, pas de titre.

1773-1776 Lefèvre, maître d'école, pas de titre.

1776-1794 Frappart André, maître d'école, pas de titre.

1794 au 15 août 1831. Il n'y a pas d'instituteur dans la commune.

15 a. 1831-1833 Badée Laurent, instituteur, brevet.

5 nov. 1833 6 août 1837 Pottier, instituteur, brevet.

6 août 1837 au 30 n. 1837 Tierry, instituteur brevet.

30 n. 1837 au 14 oct. 1843, Béry Furcy, instituteur, brevet.

14 oct. 1843 au 21 fév. 1847 Bouref Alexandre, instituteur, brevet.

21 fév. 1847 au 18 avril 1847 Levol, instituteur, brevet.

18 avril 1847 au 18 juillet 1847 Heurlier Joseph, instituteur, brevet.

18 juillet 1847 au 18 juillet 1848 Lebrun, instituteur, brevet.

18 juillet 1848, oct. 1853 Bouref Alexandre, instituteur, brevet.

Oct. 1853 au 7 janv. 1871 Collet François Etienne, instituteur, brevet.

7 janvier 1871 au 8 avril 1886 Manceau Alphonse, instituteur, brevet.

8 avril... 1886 Toupy Firmin, instituteur brevet.

Liste des notables de la commune de Pomponne.

Bacot, agent de change, président du conseil de fabrique, propriétaire du château de Chaalis.

Beaudoin, rentier à Pomponne-les-Bois.

Beaumont, rentier à Pomponne-les-Bois, 11, rue Nationale.

Blouin, propriétaire, 4, rue de Paris.

Bonnet, ancien magistrat, au prieuré.

Braille, industriel, 2, cours national.

Yves Cassanet, ancien directeur des manufactures de l'Etat, trésorier de la fabrique, 20, quai Bizeau.

P. Cassanet, rentier, 20, quai Bizeau.

Chapon, rentier au bois de Pomponne.

Champlon, conseiller municipal, 25, rue nationale.

Champlon frère, rentier, 17, rue nationale.

Cortier, négociant, 3, rue de Paris.

Costes Ant., adjoint au Maire, 6, rue Gaudineau.

Delabre, rentier, 8, quai Bizeau.

Dubarle, ancien magistrat, propriétaire du prieuré.

Dumez, ancien chef de bureau au Ministère de l'Instruction publique, propriétaire du château et domaine de Pomponne.

Duris, propriétaire de l'usine à gaz.

E. Drague, rentier, 8, quai Bizeau.

Etévé, dessinateur, 35, rue de la Madeleine.

L. Gaudineau, chevalier de la Légion d'honneur, ancien Président du Tribunal de Commerce de la Seine, 8, rue E. Gaudineau.

Gilbert, 15, rue de Paris.

Louis Goret, ancien Maire de Pomponne, 17, rue de Paris,

Imbault père, conseiller municipal, rue de la Madeleine.

Imbault fils, directeur de la fanfare.

Klein, propriétaire de la Renaissance, rue de Paris, 37.

Legouey, propriétaire du château de *La Pomponnette*.

E. Lequin, chevalier de la Légion d'honneur, Maire de la commune de Pomponne, 2, rue des Acacias.

Maucarré, entrepreneur de serrurerie, 18, rue de Marne.

Maupert, villa Chabanneau, 9, rue de la Gare.

Marchand, chef d'Institution, Pomponne-les-Bois.

Marin, rentier, Pomponne-les-Bois.

Montgeon, villa Montgeon, au Bois.

A. Noël, gérant de l'usine à gaz, 2, quai Gaudineau.

Quédrue, chevalier de la Légion d'honneur, 6, rue de Marne.

Querrot, négociant en vins, 12, quai Bizeau.

Richaud, chef de bureau à la Compagnie de l'Est, rue de la Gare, 3.

Roussel, directeur de la poste aux chevaux, 14, rue de Marne.

Sevin, architecte, 2, rue de la Gare.

F. Toupy, instituteur, à la Mairie.

Vaque, employé à la Compagnie de l'Est

Vigne, rentier à Pomponne-les-Bois.

FIN

TABLE DES MATIÈRES

Dédicace... V
Préface.. VII

CHAPITRE PREMIER

NOTIONS GÉNÉRALES

Pomponne. — Origine. — Etymologie. — Site. — Limites. — Population 1
Pomponne qualifié de ville, dès le XIII° siècle. — Importance de la localité. — Situation topographique d'alors. — Anciennes rues............... 7
L'île d'Attigny. — Description. — Louis-le-Gros à Pomponne. — Hugues de Pomponne lui déclare la guerre. — Bataille de Pomponne............. 19
La justice à Pomponne. — Fourches patibulaires.. 23
Madame de Sévigné. — M. l'abbé Le Maître de Sacy.. 25

CHAPITRE II

ÉGLISE

Style. — Privée de pasteur à la Révolution, l'église tombe en ruines. — Projet de vente............ 27

Délibérations du conseil municipal. — Pétition Sakoski. — Enquête de *commodo* et d'*incommodo* ordonnée par M. le sous-préfet de Meaux........ 28
Rapport du juge enquêteur. — Conseil de fabrique de Thorigny sollicite l'érection de Pomponne en succursale. — Pomponne redevenue paroisse. — Conseil de fabrique constitué.................... 30
Restauration partielle de l'église. — Vente de la partie aliénée. — Restauration définitive........ 32
Eglise actuelle. — Ameublement. — Pèlerinage en l'honneur de sainte Véronique. — Chapelles latérales. — Cloches. — Pierres tombales.......... 42
Testament de Nicolas Arnauld...................., 50
Pièces justificatives................................ 60

CHAPITRE III

PRIEURÉ

Fondé en 1173 par Jehan de Pomponne. — Confié, par l'évêque de Paris, aux religieux de Saint-Martin-aux-Bois...................,............ 103
Charles V prend le prieur de Pomponne sous sa sauvegarde royale......................:...... 105
Description du prieuré. — Etendue de ses propriétés.. 112
Différends entre les seigneurs et les prieurs. — Le prieuré est réuni au Collège des jésuites d'Amiens. — Nomination d'un vicaire perpétuel............ 133
Droits du Collège Louis-le-Grand sur le prieuré. — Procès entre Pierre Surgis et les jésuites........ 135
Arrêt de règlement pour l'église du prieuré....... 140
François d'Appougny dispute le prieuré aux jésuites et à leur vicaire perpétuel et se le voit attribuer.. 163

Différends entre les administrateurs du Collège Louis-le-Grand et Christophe de Beaumont, archevêque de Paris, au sujet de la nomination de frère Gérard Homo... 165

CHAPITRE IV

MONASTÈRE DE SAINT-AUGUSTIN

Origine. — Fondation. — Eglise, encore existante. Différends avec les seigneurs..................... 170
Saisie du Grimpet, par M. Courtin. — Droits d'inhumation. — Règlement à ce sujet............ 172
Jean d'Orgemont enterré dans l'église des Augustins... 175
Pierre royale, dite des Augustins................. 176
Placard séditieux. — Procès du Bailly............ 178
Rentes foncières................................... 179

CHAPITRE V

LÉPROSERIE DE POMPONNE

Date de fondation. — Importance de l'établissement dès la fin du xiie siècle....................... 181
Echanges. — Revenus........................... 192
Réunion de la léproserie à l'hôpital général de Lagny 196

CHAPITRE VI

SEIGNEURIE

Historique. — Tableau généalogique et chronologique des seigneurs de Pomponne............... 197

Notes biographiques. — Terre de Pomponne érigée
 en marquisat... 230
Fondation d'un chapelain...................... 240
Construction de l'école actuelle par M. Ed. Dreux.. 264
Fiefs ayant appartenu à la seigneurie de Pomponne.
 Fiefs en relevant. — Superficie du domaine..... 268

CHAPITRE VII

POMPONNE PENDANT L'INVASION DE 1870

Lettre de M. Léon Dubarle. — Notes de M. H.
 Decœur... 269

CHAPITRE VIII

POMPONNE ACTUEL

Situation. — Division. — Constitution géologique. 287
 Cours d'eau. — Les deux ponts. — Port. — Gare.
 — Omnibus. — Poste aux chevaux. — Messa-
 gers... 287
Foire. — Industrie et commerce. — Bienfaisance. 300
Châteaux et villas.............................. 303

APPENDICE

Visites de l'archidiacre de Paris à l'église de Pom-
 ponne. — Ses rapports à ce sujet................ 325
Extraits des registres paroissiaux................. 325
Catalogue des curés................................. 331
Liste des maires et des instituteurs............... 334
Liste des notables de la commune.................. 336

ÉMILE COLIN — IMPRIMERIE DE LAGNY

ÉMILE COLIN — IMPRIMERIE DE LAGNY

www.ingramcontent.com/pod-product-compliance
Lightning Source LLC
Chambersburg PA
CBHW060324170426
43202CB00014B/2660